erradores

pensando nossa condição

pensando nossa condição

PATRÍCIA ARA

Capa, projeto gráfico, revisão e diagramação: Ebenézer Ferreira da Silva
vendoideas@outlook.com

Dados Internacionais de Catalogação na Publicação (CIP)
(Câmara Brasileira do Livro, SP, Brasil)

Ara, Patrícia
    Erradores : pensando nossa condição / Patrícia Ara.
-- 1. ed. -- Maceió, AL : Ed. da Autora, 2020.

    ISBN 978 - 65 - 00 - 10064 - 8

    1. Poesia brasileira   I. Título.

20 - 45869   CCD - B869.1

Índices para catálogo sistemático:
1. Poesia : Literatura brasileira B869.1

Aline Graziele Benitez - Bibliotecária - CRB - 1/3129

Aos que, à sua própria maneira, me provocaram inspiração
e aos que persistiram ao meu lado enquanto eu errava
reiteradamente, das mais variadas formas possíveis.

Sumário

O fato é que somos todos pecadores,
capazes de sentir deleite no delito.

Eu já fui

Eu já fui Eva. Já fui Caim.
Fui o povo que, corrompido e sem fé, não ouviu Noé.
Eu fui expulsa do Jardim e dei à luz com dores.
Uma marca foi posta em mim para que não me matassem.
E por fim o dilúvio, conforme foi reiteradamente anunciado.

Eu já fui Babel em minha confusão.
Já fui filha de Canaã. Idólatra. Pagã.
Eu já fui o urso, o leão e o gigante.
Eu já fui Dalila. Fui esposa de Oséias também.
Fui Sodoma, fui Gomorra; fui uma estátua de sal.

Babilônia que escraviza. Jonas antes do abismo. Pedro cortando a orelha.
Eu fui Judas recebendo as moedas, e também o fui dando o beijo.
Fui cada um daqueles que apedrejaram Estevão.
Eu já fui o jovem rico e tomei meu rumo triste.
Eu já fui os filhos de Eli. Já sorri como Sara, já emudeci como Zacarias.

Eu menti como Ananias e Safira.
Minhas mãos estavam cheias de sangue como as de Davi.
Eu fui os amigos de Jó. Fui até mesmo sua esposa.
Eu não queria os sete mergulhos tal qual Naamã.
Eu dormi ao invés de orar com Ele; nem mesmo uma hora pude vigiar.
Ninguém podia me livrar do corpo dessa morte!

Tu o sabes. Sabes que nem sempre fui Abel.
Poucas vezes fui Enoque. Menos ainda Elias ou Elizeu.
Deixei de ser Abraão quando mais precisava.
Eu fui Moisés antes da sarça, muito mais do que o fui depois dela.
Eu não sabia que o lugar era santo e mantive as sandálias nos pés
quando não devia.

Foi tão raro te oferecer os cinco pães e os dois peixinhos.
Nunca disse "...o que tenho te dou... levanta-te e anda!"
Eu demorei demais dentro da caverna, porque já não via em mim
um profeta e o medo me consumia.

Eu tentava desesperadamente ouvir tua voz e não ouvia.
Depois de orar três vezes sobre aquele assunto, tive raiva quando me
disseste que tua graça me bastava.

Mas também me lembro de conversar contigo próximo ao poço.
Lembro que corri para a cidade e preguei sobre o profeta que sabia
tudo quanto eu tinha feito.
Quando você me defendeu dos que alçavam pedras eu resolvi te seguir.
E quando me perdoaste e me encheste, minha última oração já foi
"morra eu com os Filisteus!"

Eu fui Vasti. Fui também Ester.
Fui Miriam, antes e depois da lepra.
Na janela, fui Mical e entristeci meu marido.
Na procissão dos que te seguiam, afirmei que eu me contentaria com
as migalhas que caíssem de tua mesa.

Conheço a luz e as trevas. O bem e o mal.
Vivi em pecado, depois em santidade. Em santidade, depois em pecado.
Sou íntima de cada metro entre os dois extremos.
Fui forte, fui fraca e fui forte quando fui fraca também.
Orei em mistérios, orei em minha língua natal, orei sem palavras e
não orei de forma alguma.

Já vivi a comunhão de maneiras tão tremendas que as palavras não
explicariam.
Sei o que é adoração num culto racional e quando não sinto meus
pés no chão.
Prometi e não cumpri.
Lutei, venci, perdi, venci, perdi...
Conheço a sequidão, mas conheço também os teus rios de água viva.
Conheço o interior do peixe, a sombra da aboboreira e o cárcere à
meia noite.

Fui a centésima ovelha, o filho pródigo, Davi com Bateseba e te ne-
guei três vezes em tão pouco tempo.
Eu te tentei, e descobri que mesmo quando sou infiel, tu permaneces fiel.
Por alguma razão, não desistes do que sou, apesar de tudo que já fui.

Distração

Encontrava-me estudando coisas secretas e intrigantes,
Construindo um futuro, seguindo um plano,
Mas você me distraiu.
Ofuscou minhas perguntas, retirou o meu roteiro,
Me fez dançar quando eu não sabia os passos,
E não conhecia a música.

Eu estava com hora marcada para tudo, sob controle absoluto,
Mas você me distraiu.
Você me acordou da realidade e me fez viver um sono eterno,
Um coma de emoções, de coisas grandiosas ou insignificantes,
Desde que eu permitisse você ao meu lado.

Você me fez olhar para o céu e voar,
Levou-me a mergulhar e fez vir à tona o melhor de mim.
Eu não sabia o que isso significava,
Não sabia da confusão, do descontrole, do caos em meu ser,
Desconhecia quem eu era e quem era você,
E na verdade não queria saber,
Porque você me distraia e me deixava assim,
Sem me importar ou perceber.

Quando eu não via graça em nada, você passou em minha frente.
Precisava fazê-lo, porque eu havia distraído você também.
Você não resistiu, tinha que tentar, e eu nada sabia.
Eu estava ocupada, mas você me distraiu.
Estava planejando o fim do mundo, mas você apareceu,
Sem consciência do que causava simplesmente por existir.

Não consegui me manter imóvel, foi inevitável virar o pescoço,
Automático olhar-te ao passar, pois era impossível te ignorar.
Havia poder em seus passos e encantamento em seus rastros.
Meu impulso era te pegar pela cintura e te puxar,
Tomando o beijo que você já queria me entregar.

Mas não demorou muito para que, mesmo distraídos,
Víssemos que havia provas e desafios, muralhas e labirintos.
Invadiram nosso cerco e não pudemos perceber.
Somavam-se forças sombrias que não podíamos prever,
Mas que tentamos deter.

Então sacamos a espada e fomos ao campo de batalha.
Houve tiros, morte, sangue, dor, loucura, fuga, pecado e culpa.
Nos perdemos entre o norte e o sul, o leste e o oeste.
Nossa bússola se quebrou e não conseguimos unir nossas mãos,
Porque a guerra nos havia distraído.
Quão difícil resistir àquele poder esmagador e às ruínas ao redor,
Às demolições dentro de nós, ao roubar e destruir.

Quando finalmente nos encontramos, não mais nos reconhecemos.
Havia passado tanta história e tudo em nós era diferente.
Ainda éramos os mesmos? Ainda estávamos vivos?
Não tínhamos certezas, somente tristezas.

Mas alguém nos vira em segredo,
Desde os primeiros olhares.
Havia nos vigiado em todo o tempo,
Sem se distrair.

Então enquanto declarávamos o fim da guerra,
Também sepultávamos a nós mesmos.
Mas aquele alguém, aquela terceira - ou primeira - pessoa,
Que estivera velando por nós,
Não podia permitir que a lâmina afiada nos vencesse.

Ele nos chamou, nos limpou, nos vestiu ricamente,
Nos deu um anel de ouro, nos fez belos de novo,
E planejou um encontro do qual não desconfiamos.
Quando nos pôs lá, um em cada lado, inocentes,
Crentes que nosso amor havia morrido no fogo cruzado,
Nos pomos a caminhar anestesiados.

Mas ao passarmos pela mesma estrada,
Cheios de marcas cicatrizadas e feridas ainda abertas,

Mesmo mutilados no corpo e na alma,
Foi impossível não notarmos um ao outro,
E paramos, em torpor, tentando acreditar.
Estávamos mesmo ali? Não parecia possível.

Pensamos desesperadamente no que faríamos.
Nos despediríamos e diríamos que valeram os anos da juventude?
Em um canto pequeno e seguro dentro de nós,
Vimos que ainda restava um calor, uma luzinha,
Pequena, mas linda, cheia de brilhos coloridos,
Esperançosa como uma criança.

Reconhecemo-nos, aproximamo-nos e aceitamo-nos.
Diariamente afastamos as lembranças terríveis,
Enquanto aquele que nos uniu e reuniu nos olha de perto.
Até que sejamos inteiramente envolvidos pela luz maior,
Nos ajudando a dar as mãos, dar os beijos, dar as vidas.

Os pés na Terra, o coração sem limites.
Somos um vento no tempo e no espaço.
Depois daqui, soparemos em outro lugar.
Sem a necessidade de sufocar ou reter.
Pois quem ama sempre volta voluntariamente.

Preciso ser quem sou; permita-me.
Eu desejo permitir a você também.
E assim quando estivermos juntos será o encontro de duas verdades.
Duas pessoas plenas, inteiras, amplas e livres.
Nenhuma amarra, visível ou invisível.
Nenhum peso na consciência.
Mas não por falta, mas pelo bom uso da mesma.

Liberdade não requer transgressão.
Prazer não requer pecado.
Superamos essa antiquada concepção.
Descobrimos que é possível ser feliz sendo santo.

Mais velhos, maduros, experientes, transformados, diferentes.
Mas ainda vivos, ainda nós.

Porém mais fortes, mais firmes, mais cientes.
Vamos nos puxar pela cintura e nos doar outra vez, adultos, respon-
sáveis e cicatrizados.
Loucos para nos distrair, uma vez mais, apaixonadamente.

Erradores

Raramente se acerta de primeira
E é quase impossível acertar para sempre
Mesmo quem parece conseguir
Errou por dentro, errou de longe
Em um lugar que ninguém viu

Um bom acerto é fruto de bom número de erros
Um acerto razoável, nada extraordinário
Tem ao menos um erro oculto
Se o erro não for próprio, é de outro
Foi percebido e útil ao acerto alheio

Os mais bem-sucedidos são experientes no erro
E assim se tornam excelentes acertadores
Conhecem o gosto amargo e o doce
Os olhares de aprovação e de reprovação

Os melhores sorrisos partem dos maiores choradores
E mais espetacular é a vitória do antes derrotado
A refeição é melhor apreciada pelos esfomeados
O amor mais valorizado pelos solitários e carentes

Depois de saber em quantos lugares a verdade não está
Pode-se encontrar seu endereço com mais segurança
Não vem de graça um acerto, um sequer
Um preço altíssimo sempre é pago e ainda o será
Porque depois de acertar, todos esperarão novamente
E de novo, e mais uma vez e para sempre

Mas você simplesmente não pode garantir esse feito
Porque apesar de depender muito de você
De alguma forma não depende, nunca dependeu
A mesma força que te permitiu acertar
Te permitiu errar

Tudo que você pode fazer é continuar a tentar
Muitos estarão observando e comentando
Opinando e criticando
Mas você estará tentando se concentrar

Por isso esteja atento, mas distraído
Sempre ouvindo, mas surdo
Vendo, mas seletivamente cego
Fazendo por si e por uma causa em que acredita
Porque a plateia sempre é fiel ao show
Mas nem sempre ao artista

Não se pode garantir que a sorte existe
E caso exista, não é confiável
Nunca se sabe se ela virá
Entretanto a tentativa constante e os erros dolorosos
Produzem acertos capazes de encantar a humanidade inteira

Nenhum erro, entretanto, deve ser cometido intencionalmente
Nesse caso não seria um erro original, mas uma irresponsabilidade
inconsequente
Todo erro produtivo é filho legítimo de uma autêntica tentativa de
acerto
Então, companheiros erradores, bons acertos a todos nós.

Espelho

Semanas atrás, ao mudar de quarto, levei o espelho. O casal de funcionários do local me ajudava. O homem disse:

- Onde ponho o espelho?

- Aqui - disse eu. Bem aqui.

A moça olha o serviço e percebe a incoerência, apontando para a minha altura:

- Você não quer colocar um pouco mais baixo?

Ocorre que eu fiquei constrangida de minha estatura e pedi, tentando disfarçar, com o máximo de naturalidade possível, para instalar vários centímetros acima do ideal. Meu ideal. A moça riu discretamente; afinal, era um espelho, não somente uma peça de decoração. Era algo para me olhar a cada manhã ao acordar, antes de sair, antes de dormir. Verificar quem eu sou e como estou.

O rapaz terminou e ambos saíram. Eu percebi. Cada um tem sua altura de corpo, alma e espírito. Cada qual suas qualidades e defeitos, lutas, desafios, derrotas e vitórias individuais, segredos e saudades. É preciso um espelho sob medida para que se possa enxergar a si mesmo.

Os dias se seguiram e me senti ridícula. A cada vez que tentava me olhar tinha de me pôr na ponta dos pés, e mesmo assim via muito pouco. Também me senti frustrada. Não conseguia alcançar meus objetivos. Minhas necessidades ali e eu deixando de supri-las porque estivera preocupada com o que os outros iam pensar, além de medir a mim mesma comparando-me com um outro imaginário.

Devemos ajustar nossos espelhos para que possamos comparar o eu de hoje com o de ontem, buscando uma melhora possível. A ideia é examinar a si mesmo, não ao outro e não comparando-se com o outro. É essencial o respeito à nossa individualidade e à nossa imagem interior e exterior, porque Deus nos trata assim e esse espelho continua lá me dizendo isso, me falando de humildade e consciência de mim mesma.

Eu vi o meu reflexo no espelho da Palavra, gentilmente posto a minha frente pelo Espírito, e as escamas caíram dos meus olhos. Descobri que todos os homens pecam com mais frequência do que estão dispostos a admitir, e que muitas vezes a única diferença entre aquele que serviu de escândalo e eu é que o pecado dele foi publicado enquanto o meu permanece encoberto.

Eu olho para traz e percebo meus erros, me perguntando como alguns batem no peito dizendo que vivem uma vida sem arrependimentos. Eu me alegro em dizer que os tenho, cheia de gratidão por isso. Eles produzem em mim uma tristeza que gera vida. São evidências de crescimento e aquisição de sabedoria.

Eu costumava achar

Eu costumava pensar que tudo devia caber.
Meus planos deviam caber na minha fé.
Minhas realizações deviam caber em minha capacidade.
Minha felicidade devia caber em minhas expectativas.

Eu costumava achar que todos deviam caber.
Meus pais deviam caber nas minhas vontades.
Meus professores deviam caber nos meus métodos.
Meu cônjuge devia caber em minhas exigências.
Meus filhos deviam caber em meu tempo.

Hoje entendo que nada precisa caber no que tenho e sou.
Por vezes, eu é que preciso crescer para comportar mais.
Quero rever para remodelar, reconsiderar, quebrar paradigmas.

Venham os desejos, as metas, os sonhos.
Os amigos, o amor, as crianças.
Venha o velho e o novo, o conhecido e o desconhecido.
O íntimo e o externo.

Encontrarei lugar para todos.
São bem-vindos para me provocar, questionar e surpreender.
Sendo quem são, mostrem quem sou.
Espero que me desafiem a provar que sou quem penso ser.

Tragam um espelho, mas também uma bolsa.
Tenham o necessário para ajudar a melhorar minha aparência.
Pente para os cabelos, maquiagem para o rosto.
Valores, princípios e sabedoria para o coração.

Estive fazendo um quarto reversível.
Agora desenho um grande resort.
Venham, vai caber!

Tempo

Tempo, dê-nos vida.
Vida, dê-nos tempo.
Tempo de vida, dê-nos sabedoria.
Sabedoria, dê-nos a mão e abra-nos os olhos, mesmo em meio à
escuridão.

O tempo fará a criança crescer.
O tempo fará a dor diminuir.

O tempo é cumplice da verdade.
E todos sabem: é senhor da razão.
O tempo dirá e não esconderá.
Não encobrirá e fará entender.

O tempo é o segredo dos fortes.
Esse tal é algoz dos fracos.
Dá a quem tem e tira o nada dos que estão vazios,
Fazendo-os afundar mais e mais.

O tempo traz a saudade e o arrependimento.
E a vida passa pelo tempo.
O tempo passa por você.
Ele passou por mim e levou tanto,
Mas trouxe, entretanto, muito que eu nem sequer pedi, mas não
posso livrar-me.

Creia-me, já tentei.
A sabedoria diz: eu avisei!

Seja meu amigo, tempo.
Eu te usarei, mas você não se importará, não é mesmo?
E quando eu achar que tudo acabou,
Talvez o relógio me diga que há ainda alguns minutos - para amar
com intensidade e transcendência, para gritar com todas as forças
a nossa verdade, para fazer o que precisa ser feito - para viver o
que está escrito para nossas almas;
A vida, enfim, que nos foi imposta e que nos será cobrada.

E o tempo, então, me usará,
Para cantar e encenar o destino.
E o curioso de tudo é que a essa altura,
Eu já não me importarei.

Volte, tempo, volte!
Eu quero todas as primeiras vezes de todos os bons momentos,
Eu quero as palavras certas olhando nos olhos,
Eu finalmente desejo as lágrimas de reconciliação.
Corra, tempo, voe!
Passe rápido nos dias ruins,
E me faça não sentir as horas más.

Pergunto, sem mais demoras, ao tempo:
- Amigos, então?

Para provar que eu sei beijar

Para provar que eu sei beijar
Eu não preciso de muitas bocas
Uma só é o desafio
Uma só milhares de vezes

Para provar que eu sei amar
Eu não preciso de muitos nomes
Um só é mais difícil
Um só a vida inteira

Para provar que eu sei ficar
Eu não preciso de muitas cordas
Um fino fio de liberdade
Me mantem presa a você

Para provar que eu posso ir
Mas escolho não partir
Para provar que eu sei renascer
Esqueço os erros em doce amnésia
E lembro os acertos em franca ousadia

Para alimentar esperanças
Capacidade, superação
Música que não cansa
Para fazer um mesmo par
Dançar comigo até o amanhecer

Para provar que eu sei beijar
Prove para mim primeiro
Porque você aprendeu comigo
E eu aprendi com você.

Acarinhando?

Posso te fazer um carinho?
Um agrado na sua alma?
Um cafuné no seu coração?
Uma massagem no seu ego?
Um dengo nos seus olhos?
Um beijo na sua mente?

Posso falar com você?
Você ouve meus perigos?
Lê minhas mensagens?
Entende minhas mãos?

Posso dançar com você?
Você gosta dessa música?
Me dá a honra de ser meu par?

Posso contar pra você?
Você estará aqui?
Estará lá?
Estará sempre?
Estarei?

Se lembrará?
Acalmará?
Repensará?
Voltará?

Você me conhece?
Não me esquece?
Me aquece?
Sabe?
Decide?

Agora?
Por que?
Não?
Quando?

Promete?
Acredito?
Pronto?
Pode me fazer um carinho?

Seu poder

Qual o seu poder sobre mim?
O que eu mudaria por você?
Quando você chega perto, como me comporto?
Assumo uma personagem ou me assumo?
Conto a verdade ou minto?

O que você faz comigo? O que faz em mim?
Sou melhor quando estou com você?
Mais santa, mais pecadora?
Mais suave, mais grosseira?
Sinto paz? Faço guerra?

Consigo ser quem sou?
Deixo você ser quem é?
O que eu faço com você?
O que eu causo em você?
Existe amizade entre nós?

Ficamos tímidos ou relaxados?
Sorrimos muito, esquecemos do tempo?
Ficamos tensos?
Eu te faço bem?
Você me faz mal?

Somos sinceros?
É de verdade?
Falamos o que sentimos?
Eu te influencio ou você a mim?
Somos uma boa escolha um para o outro?

É possível que estejamos fazendo de conta?
Quando nos encontramos na rua, conversamos?
Realmente nos curtimos?
Quanta violência podemos causar a nós mesmos para agradar ao outro?

Gosto de conversar com você?
Nos fazemos bem?
Gosto de sua inteligência, de seu caráter e de seu humor?
O tempo se encarrega de esclarecer muitas coisas,
Inclusive o poder da presença ou da ausência do outro.

O exemplo que capota

Quando penso em Rebeca, aquela direcionada por Deus para Isaque, numa história que os tornou um dos casais mais famosos da Bíblia e meta de relacionamento em encontros de jovens, lembro do que consta na continuação do relato. Anos depois, a mesma Rebeca convenceu seu filho predileto a enganar o pai - seu esposo - e trair o irmão que, por sua vez, também havia errado ao vender sua primogenitura. Naquele momento ela conseguiu desagradar a uma terceira pessoa: Deus. O mesmo Deus que a usou como resposta de oração, através de sinais até, e que não foi pego de surpresa pelos seus atos.

O que aprendo é que não existe casamento perfeito, mesmo aquele que foi guiado por Deus, debaixo de muita oração, procurando a Sua vontade. São e permanecem, o marido e sua mulher, tão inevitavelmente humanos quanto quaisquer outros alheios a qualquer cuidado.

Os homens e as mulheres de Deus, ainda que ungidos, pecam. E são capazes, por vezes, de cair em questões aparentemente triviais, tecnicamente superadas, lugar comum. Naquela tecla já desgastada de tanto ser batida, numa página tão amassada de tanto ser lida... Ali, bem naquela curva devidamente sinalizada, capota um servo ou serva de Deus. Mas quem conhece a Palavra sabe que os tombos não precisam ser fatais.

Levantemo-nos puxados pela mão potente e amorosa do Senhor, e recomecemos. O nosso Deus é um Deus de misericórdias que se renovam a cada manhã. E assim Ele faz porque sempre soube que iríamos precisar.

Casamento

Duas pessoas completas e distintas que se tornam uma só carne, numa só casa, ao longo de uma só vida. Muitas coisas acontecem nesse universo íntimo.

Dentre tantas experiências, marcou-me uma ocasião em que havíamos discutido, nem lembro mais o porquê ou sobre o quê. Isso é o que menos importa. Os temas das discussões, em si, nunca são o mais importante, embora na hora pareçam ser. Depois de argumentos indo e vindo, de exposições de nossos sentimento e opiniões, de tentarmos convencer um ao outro, por fim nos calamos. Só por fora. Por dentro muito barulho. Nada bom. Se não estamos bem o mundo fica feio e percebemos que perdemos algo que precisa ser urgentemente resgatado. Naquele momento, um no norte e outro no sul, uma voz veio ao meu coração:

- O lava pés.

- O quê?

- Lembre-se de Jesus. Bacia, água, toalha. Humildade, serviço, amor, comunhão. O maior será o que serve. O amor não busca ter razão.

Entendi. Reuni o que precisava. Fui ao encontro do meu marido. Eu sabia de quem era a voz que me falara, não havia como duvidar, não havia o que pensar; a escolha perfeita passava pela obediência.

Curiosamente meu coração não se preocupava mais em analisar quem estava certo ou errado. Nada fazia diferença se eu não tivesse seu abraço, e agora eu tinha o caminho. Cheguei a ele que, ao me ver, imediatamente entendeu e disse cheio de serenidade:

- Não precisa!

- Precisa sim.

Lavei e enxuguei seus pés enquanto ambos chorávamos discretamente e em silêncio. Ao final ele tomou os objetos e repetiu o gesto em meus pés. A presença de Deus era tão clara naquele ambiente que eu não percebia as paredes ou os móveis, mas quase podia ver anjos ao nosso redor. Levantamo-nos em um abraço, oramos, choramos e ficamos em perfeita paz. Os romances cristãos têm cenas melhores que contos de fadas, têm cenas bíblicas.

Dias ruins

Certo dia eu soube de um casal maravilhoso, protagonista de uma rica festa de casamento e incontáveis fotos românticas, que se separou. Por trás das imagens, para além dos sorrisos e viagens, há uma intimidade, há cômodos fechados e muitos desafios. Quando a câmera desliga a vida real se impõe. Se tudo estiver bem, a felicidade só segue o fluxo. Se não for o caso...

Formamos uma linda família; mas não somos sempre assim e nem de longe perfeitos. Nos bastidores de uma determinada foto algo desagradável aconteceu e ficou um clima estranho entre nós. Isso foi piorando nem sei como e se desenrolou de tal forma que resultou em uma discussão bem difícil no dia seguinte. Mas isso a gente não postou. Parece que ninguém nunca posta essa parte. Se um casal conta essas coisas, é acusado de estar se expondo; se mostra só a parte boa, pode ser considerado falso e artificial. Fica difícil, porque entendo que casais reais estão sujeitos a tudo.

Já tivemos muitos dias ruins e fases difíceis. Palavras muito duras já foram ditas e mágoas e decepções mancharam nossa história. E sim, já foi cogitada e mencionada a possibilidade de divórcio. Mas também já vivemos coisas muito especiais; declarações verbais e não verbais, provas e experiências raras de amor, cumplicidade, fidelidade, amizade, lealdade, oração e intercessão, serviço e socorro nas tempestades. Vencemos doenças, dificuldades financeiras, passamos pelos altos e baixos da paixão, cruzamos longos desertos e não desistimos um do outro, mesmo quando deu vontade.

Não estou aqui dizendo que somos melhores do que aqueles que encerraram a relação. Eu seria muito tola, ingênua e infantil se assim julgasse. Permanecemos juntos porque "o amor é mais forte que a morte" e, assim, todo tipo de morte que nos assolou foi superado. Estamos juntos porque aprendemos a quebrar nosso próprio orgulho, ambos bem treinados na dura arte de perdoar e recomeçar quantas vezes fossem necessárias. Sobretudo, somos um, porque até aqui nos ajudou o Senhor.

Então se seu casamento e sua família são sempre impecáveis como nas fotos e legendas, glórias a Deus. Aqui em casa temos problemas, defeitos e mais um monte de lutas para contar.

Se eu pudesse gostaria de subir a #nostemosdiasruins, publicada por todos os casais e famílias, "perfeitos" ou não, nas redes sociais. Seria uma forma de mostrar aos jovens ou solteiros o que é uma família real, com tudo que tem direito, sem falsas expectativas e com os pés no chão. Somos abençoados por Deus, gratos e felizes, mas #nostemosdiasruins.

Jesus, Maria e José

Estava ouvindo uma palestra na qual se falava de Maria e José, pais terrenos de Jesus. Foi destacado como Maria ouviu a Deus, e José também.

Então me pus a pensar naquele casal: uma jovem em meio a uma situação que a colocava numa condição terrível para a sociedade da época; um rapaz diante de uma difícil decisão, tanto devido às críticas alheias, quanto em seu próprio coração. Quem imaginaria que foi o Espírito Santo? Como ele poderia acreditar nela com uma declaração dessa?

Mas o que me chamou atenção foi o quanto, num casamento, nossas próprias palavras podem não ser suficientes. Nossos argumentos, pobres. O quanto nossa imagem pode estar desgastada diante do outro, o quanto ele pode já ter se acostumado conosco, decepcionado conosco, e já nem mais nos ouvir. Nesses momentos, precisamos que Deus fale com nosso cônjuge por nós. Seja para explicar ou argumentar, abrir os olhos para algo, conscientizar, nos defender, quebrantar para se arrepender ou perdoar, renovar forças e esperanças ou reacender chamas de paixão e amor. Fico refletindo se Maria não orou, desesperada:

- Senhor, manda também um anjo a José. Se eu falar ele não me ouvirá. Fala com ele por mim. Tu sabes de todas as coisas, tu és minha justiça! Fala, Deus! Fala com ele e defende minha causa!

Aquele homem, que também tinha um coração aberto e sensível, recebeu a mensagem, creu e aceitou. Lutou por seu casamento junto à sua esposa, enfrentando absolutamente tudo e todos. Isso mostra como ser uma Sagrada Família. Um casal que verdadeiramente ouve a Deus e não desiste um do outro. É um caminho sobremodo excelente, e eles já começaram assim, nesse nível.

Lembre-se que pode ser o seu cônjuge orando a Deus para falar com você também. Então mantenha seus ouvidos espirituais bem abertos, sem orgulho, com humildade. Sejam uma Sagrada Família também.

Sexo

Eis o desafio de escrever sobre sexo. E de supetão, porque senão eu desistiria. Vontade de mudar de assunto e vontade de falar sobre ele. Dizer o que quase todo mundo pensa, mas oculta enquanto faz cara de paisagem. Demonizamos o sexo. Lançamos Eros no inferno e lhe negamos qualquer esperança de salvação.

Mesmo atualmente o sexo ainda é tabu. Não me venha dizer que não é, porque se você fala pênis ou vagina em público você será considerado um anormal, desbocado, no mínimo indiscreto. E olhe que você ainda não disse o que ia fazer com eles, só mencionou os nomes. E nem o fez de forma maliciosa ou usando apelido, mas usou os termos oficiais. Essa é sua chance. Se expresse cientificamente e talvez não seja apedrejado. Talvez, não prometo nada. Você é menino, ótimo, todo mundo vai achar você macho. Você é menina, problema. Todo mundo vai achar você safada. Desculpe a palavra, eu poderia usar uma melhor, mais discreta. Mas na verdade eu queria usar uma pior, mais explícita. Isso, aquela mesma que veio à sua mente, mas que eu não posso usar porque sou menina, você entende.

Pois bem, tudo isso para dizer que eu estou tentando falar de sexo sem que me odeiem por isso, sem que meu pai sinta vergonha de mim ou meus filhos ouçam os colegas me apelidarem na escola. Pois bem, vamos lá?

Não, não vamos ainda. Deixe-me pensar melhor. Você sabia que uma reputação se constrói por anos a fio e pode ser perdida em um minuto? Vocês realmente querem que eu solte o verbo? Falar o que? O que vocês sentem, mas não tem coragem de assumir? O que supostamente todo mundo sabe, mas finge que ninguém descobriu? As coisas inconfessáveis que ocultamos em todos nós enquanto fazemos um teatrinho classificação livre?

Achamos sempre que somos uns pervertidos e o resto do mundo é normal, ou que somos normais e o resto do mundo é pervertido. No fundo, sentimos desejos involuntários pelas pessoas erradas com muito mais frequência do que gostaríamos. Aliás, parece que quanto mais errada a pessoa, maior a chance de sentirmos desejo. Pois é, isso não ajuda. É tão absurdo que no exato momento em que a árvore do meio do jardim fosse liberada, perderia a graça. Eva procuraria algum outro desafio, arbusto, frutinha, semente, qualquer coisa.

Sim, nossa atração pelo pecado é completamente suicida. Parecemos uns animais enlouquecidos se não houver amor e algum tipo de limite. Não vou negar que viver sem limites pode ser muito excitante; mas sabe, dizem os mais experientes que chega uma hora que você se sente um guardanapo usado, sujo, amassado e jogado. Há quem defenda que um dia, em algum momento da vida, por ínfimo que seja, você pode querer um sobrenome ou número de telefone, quem sabe um endereço, andar de mãos dadas e, quiçá, comprometer-se. Dizem que o amor é brega, mas que no fundo a maioria de nós quer o contexto música melosa-rosas-bombons-declarações-aliança. Sentir que aquilo que se tem juntos é muito maior que paixão, é amor. E o amor não precisa ser tórrido, sabe? Mas ainda assim, a seu modo, o é.

Quase todo mundo gosta de refrigerante, mas sabe que água de coco é melhor. A gente continua bebendo porque acha gostoso, mas não dá para negar que há uma opção saborosa para consumir sem culpa todos os dias. Para denegrir a concorrência, dizemos não nos importar com a saúde, queremos o sabor. Estamos dispostos a degustar o prato, ainda que esteja envenenado, mesmo que seja nosso último. Por isso insisto que o pecado é naturalmente autodestrutivo.

Quantas pessoas são uma fraude nessa área? Muitos mesmo. Mas em público somos bem polidos, comportados, politicamente corretos e santos. Talvez devêssemos ser mais verdadeiros. Falar mais, assumir mais e, no entanto, pecar menos.

Mas espere, o texto não seria sobre sexo? Por que estou falando de pecado ou amor? Não seria por uma necessidade inconsciente de fugir do tema, condená-lo ou absolvê-lo? Viu só? Não conseguimos falar de sexo sem dizer que é errado, ou sem ensinar como ele seria certo.

Deus fez o sexo como pedra preciosa, mas muitos enxergam como brita. Trata-se de orquídea de rara beleza, mas há quem julgue ser apenas erva daninha. Por isso para Ele nunca é "só sexo"; porque sexo não é "só", sexo é muito. Muita gente banaliza, denigre e inferioriza aquilo que Deus criou para ser vivido sim de forma leve, porém tratado de forma intensa, respeitosa e especial.

Li em algum lugar que não faz sentido um deus se importar com o coito de suas criaturas - o que me fez questionar porque tantos rituais pagãos envolviam orgias -, porém sou levada a crer que Ele só enxerga o valor intrínseco das coisas. Nem tabu, nem vulgar; mas graças a nós, ainda complicado.

O irrecuperável em cada perda

Há perdas irrecuperáveis? Há irrecuperáveis diante das perdas? O que é uma perda e o que caracteriza uma recuperação? Para que se possa afirmar que se perdeu, implicitamente se parte da ideia de que se tinha alguma coisa ou alguém. Mas o que realmente se tem? O que é nosso, posse, fixo? E se nosso for, o é para sempre? E se for para sempre, esse sempre é sempre igual?

Mesmo nossa própria vida e os acontecimentos que enchem nossos dias não são nossos, não exercemos poder algum sobre eles. Não escolhemos nosso sexo, nome, pátria, voz, aparência, época ou dia de nascimento, tampouco nossa classe social. Não escolhemos as coisas que virão a nós, no máximo parte daquelas às quais iremos, e há controvérsias. Em algum momento não escolheremos também a hora de partir.

Se não temos a nós mesmos, quanto mais ao outro. O acesso a um objeto ou pessoa não é um mérito, é uma dádiva. Não há termos de garantia de qualquer espécie. Então quando "tenho" algo, logo de início o imagino perdido, quebrado, amarelado e rasgado, que é o que muito provavelmente acontecerá. Isso se eu mesma não for protagonista dessas palavras antes dele. Quando recebo alguém em minha vida ou sou recebida na vida de outro, já me alerto que um dia não mais estaremos juntos. Voltaremos ao estágio inicial, em que existíamos em separado.

A dor da perda na verdade é nossa incapacidade de lidar com o "eu só", com o "eu sem você". Evidencia a dificuldade de voltar ao suposto equilíbrio anterior, sobretudo quando o outro já estava lá quando eu cheguei. Tem-se a impressão de não saber viver sem. Por isso tento manter-me preparada para o inevitável, como se fosse possível. Trata-se de um mecanismo de proteção do ego, de defesa de minha integridade emocional, se é que tenho uma. Nesse ponto já começamos a falar de morte, ainda que não a tenhamos mencionado pelo nome.

Minha relação com a morte sempre foi extremamente tranquila. Não tenho medo dos mortos, mas dos vivos. Paralelamente, dos vivos tem-se algum pretenso controle, é possível localizá-los, prendê-los ou esconder-nos deles; já os mortos, não posso saber onde estão e, a princípio, nada posso fazer. Recordo-me de ficar sozinha com o corpo de uma tia avó em seu velório. Cheguei perto do caixão e olhei atentamente seu rosto que sorria. Sim, sorria. Morrer é a parte mais previsível da vida. Somente uma questão de tempo e tão natural quanto a fome, o sono e o sexo. Um dia todos morrem, mais cedo ou mais tarde. Verdade é que alguns poucos morrem mais de uma vez e são ressuscitados e, segundo a Bíblia, alguns não morreram e outros tantos não morrerão. Mas isso é exceção.

Complicado é entender que não perdi, porque na verdade nunca tive. Estamos aqui emprestados uns aos outros e tudo tem um tempo determinado. Isso deveria ser o suficiente para nos estimular a aproveitar melhor cada minuto; mas fingimos que a morte nunca virá e esquecemos que o tempo e o espaço aqui são limitados. Nossa mente eterna não se acostumou com a ideia de finitude a que está atrelada nessa realidade. Queremos a liberdade de ir e vir por tempos sem fim, queremos a eternidade que faz parte de nossa natureza espiritual.

Jó disse ao perder todos os filhos em um mesmo episódio: "Nu saí do ventre de minha mãe e nu tornarei para lá; o Senhor o deu, e o Senhor o tomou: bendito seja o nome do Senhor." Essa frase faz coro com "e o pó volte à terra, como o era, e o espírito volte a Deus, que o deu". A ideia de voltar está muito presente nas Escrituras.

Aqui cabe uma pequena reflexão, considerando a coexistência dos tempos Chronos e Kairós. Chronos seria o tempo que os relógios e calendários medem; já Kairós seria uma modalidade de tempo que o ser humano desconhece e não consegue controlar, um tempo subjetivo definido para cada conjunto de experiências a se cumprir para cada pessoa, cada nação, cada parte do universo. O macro e o microcosmo obedeceriam tanto a um quanto a outro, simultaneamente. Dentro desse contexto, a morte seria escrava do tempo, obedecendo-o quando ele diz que a hora chegou.

O maior problema de nossa relação com a morte é a forma como ela se dá. Mas isso não é sua escolha, mas de questões que fogem ao seu controle. Um ser que parte com idade avançada, cujos órgãos faliram após décadas de desgaste lento e progressivo, parece mais fácil de aceitar. Um jovem que morre de uma doença rara é mais difícil. Uma criança vítima de assassinato é indescritivelmente pior. Tudo começa com quem se foi, passando pela forma, por vezes abrupta, como foi levado e desaguando em nosso despreparo frente à cruel realidade.

Quem crê em vida após a morte pode pensar que o outro continua vivo, ativo e mais pleno que nunca em outro plano. Quem não crê pode pensar que o outro não existe mais, não está, não é; não sente, portanto, nem alegria, nem tristeza ou dor. Em qualquer das opções o processo é do outro, não nosso. Resta a saudade. Mas esse sentimento é a expressão de nossa fragilidade frente à distância e o silêncio. Novamente é um problema nosso, não de quem completou seu ciclo. É a evidência de nossa dependência emocional do outro que de alguma forma se tornou parte de nosso próprio eu e, portanto, nos sentimos mutilados, roubados, menores quando ele se vai. Raiva de Deus que permitiu, do falecido, do mundo. Reações naturais. Para alguns uma fase, para outros uma constante.

Minha avó materna não era de palavras bonitas, mas preparava "pirão ardoso" para mim quando ia à sua casa, também vitamina de banana com achocolatado e cuscuz com coco. Absolutamente ninguém foi ou será capaz de reproduzir o sabor daquelas receitas em meu paladar. Próxima de sua morte, eu me lembro de fazer suas unhas e dizer que ela estava "gata" – tinha uma pele linda mesmo após os 80 anos – e ela, que já não falava ou andava, riu gostosamente. Noutro momento cantei um hino antigo e ela chorou. Por aqueles dias uma prima teve um sonho em que ela dizia: "eu quero ir, mas minha filha não deixa". Era minha mãe, sua cuidadora com amor sacrificial, que precisava mais dela que o contrário, porque a dependência emocional é muito pior que a física. Outra pessoa poderia fazer a higiene de minha avó, mas quem seria uma mãe para minha mãe?

Tendo tomando conhecimento desse sonho, ao testemunhar longa e sofrida internação aquela filha encheu-se de uma coragem sobrenatural e lhe disse ao ouvido palavras de agradecimento pelo tempo em que estiveram juntas e por tudo que ela fez pela família inteira, lhe assegurou que ela não foi um peso para nós durante os anos de doença e, por fim, lhe disse:

- Jesus está lhe esperando. Pode ir. Vá em paz.

E ela foi. Imediatamente. O último suspiro foi instantâneo. Era essa liberação que ela esperava. O tempo Kairós se cumprira, e mesmo o Chronos, considerando inclusive sua idade. Alguns nos parecem ter ido no Chronos errado, mas na verdade todos vão no Kairós certo.

Recuperar ou recuperar-se. O quê? De quê? Em que sentido? O que há para ser recuperado de imediato não é tanto o outro, mas nós mesmos. O rei Davi, após perder um filho recém-nascido por quem orou e chorou muito, por fim levantou-se, lavou o rosto, arrumou-se e, para a surpresa dos que o viram saindo do luto externo, disse: "Eu irei a ele, mas ele não voltará para mim". Ele entendeu, em meio à sua dor, que o luto tem seu tempo. Certamente é maior o interno que o externo, mas enquanto fenômeno depressivo e incapacitante deve ter um fim. Mas, mais do que sua clareza sobre o luto, o Rei tinha uma visão de recuperação e restituição, tanto de sua saúde e do curso de sua vida, quanto do convívio com a pessoa amada. Embora o menino não pudesse voltar a ele, um dia ele iria ao seu encontro. Um momento marcado no Kairós, num Chronos desconhecido.

A Bíblia afirma que no céu que nos está sendo preparado não haverá mais morte, nem pranto, nem dor; porque tudo isso terá passado. Mesmo para os que não creem no reencontro, é possível reter o bem. Eu, por exemplo, sempre terei as memórias, os gostos, cheiros, o sorriso e a foto amarelada. Ela está comigo, lembro-me com frequência, mas não dói mais. O que ela faria se eu caísse e arranhasse o joelho? Um carinho, soprinhos e talvez as palavras:

- Calma, filhinha; já vai passar, vai passar.

Minha margarina

Uma linda família feliz. Sorridentes, com roupas bonitas e limpas, um casal e seus dois filhos, sentados à mesa, se entreolham com carinho enquanto passam uma espátula cheia de margarina numa torrada douradinha. Fazem cara de apetite e mordem a fatia de pão, seguindo-se um sonoro: "Huuuuummmmm!". Assim começa o dia para uma família perfeita: a família do comercial de margarina, ou de leite, suco ou iogurte.

Assim também é a empresa do comercial: per-fei-ta. Ela patrocina grandes causas sociais, instituições filantrópicas, eventos esportivos e culturais, mobilizações comunitárias e atletas cheios de saúde, talento e carisma. Os funcionários, calorosamente chamados de colaboradores, vestem sua camisa e sorriem para a câmera, fazendo sinal de ok e enviando a mensagem: "como sou grato por fazer parte desse time!"

Mas é mais que isso, é a vida. A vida do comercial. Todos a queremos e a buscamos intensamente. Mas, mais do que tê-la, queremos vendê-la. Tal qual a publicidade, queremos que a margarina seja realmente gostosa, mas se não o for, faremos cara de que é, e todos vão acreditar e comprar. Lutamos para nos encaixar nesse padrão. Queremos a cozinha arrumada, os pais e filhos amorosos, a mesa lindamente posta. Queremos o título de profissionais de sucesso, cuja carreira engrenou, deslanchou e segue triunfante.

Lutamos para vender nossa melhor imagem, seja ela real ou fictícia, verdadeira ou não. Não admitimos a possibilidade de que os outros saibam que nossa roupa não é nova, que o casamento ou a vida profissional não vão bem, que o café da manhã não é farto. Como admitir que não estamos felizes com a empresa, que escolhemos a área errada, que não conseguimos viver bem com nosso salário, que o clima organizacional é ruim, que o trabalho nos deixa estressados e que a motivação fugiu em disparada? Contamos para todos que fomos promovidos porque isso é bonito e honroso. Isso vende margarina. Mas não contamos que houve uma discussão horrorosa entre colegas, cheia de comentários mesquinhos, que não conseguimos fazer nossas entregas ou que o chefe é um ditador surtado. Isso ninguém precisa saber. Isso mancha nossa imagem. E imagem é tudo, certo? Imagem vende ou deixa de vender.

Queremos que comprem a ideia de que somos irrepreensíveis, porque daí parecermos bem-sucedidos, um projeto que deu certo, alguém que conseguiu conduzir sua vida com sabedoria e equilíbrio. Queremos que imaginem que nada dá errado em nossa vida, que nada nos falta, temos abundância em tudo. Nossa casa está sempre impecável, nossa beleza e saúde em dia, nossa vida profissional tanto mais e entre nós tudo são flores. Que acordamos dando um gostoso bom dia enquanto nos dirigimos saltitantes para o café da manhã, chegamos ao trabalho animados como chefes de torcida em filmes adolescentes norte-americanos, e no caminho distribuímos cartões de visita e apertos de mão calorosos como políticos em campanha. Se todos acreditarem nisso, nos sentiremos bem-vistos, aceitos, amados e felizes. Ainda que ao desligar do REC tudo seja desmontado, as luzes apagadas e os atores se levantem carrancudos, segurem seu cachê e, sem sequer se despedirem, sigam cada um para o seu lado.

Por que essa nossa habitual e generalizada necessidade de exibir só o nosso melhor e varrer a sujeira para debaixo do tapete? Por que temos tanto medo da rejeição se descobrirem que não somos tão bons, tão competentes, tão engomadinhos como na internet? Por que tantos se endividam para manter um padrão de vida cheio de aparências que não podem sustentar? Quantas coisas no nosso dia a dia são feitas somente para prestar contas aos outros? Se vivêssemos sozinhos, isolados numa ilha ou no meio de um deserto, não estaríamos preocupados com perfumes, penteados ou com as tendências da moda para a próxima estação. Menos que isso: bastaria que morássemos numa cidade em que ninguém nos conhecesse e a grande maioria de nós passaria semanas sem fazer as unhas, meses sem comprar roupas novas, anos sem trocar de carro. Se soubéssemos mesmo que ninguém nos notaria, quem de nós realmente se importaria? Provavelmente muito poucos. O marketing pessoal não é apenas a busca da melhor imagem ao - e para - sermos notados, mas uma prestação de contas diante do fato de que seremos notados mesmo, e muito cobrados.

A nossa vaidade se alimenta do olhar do outro. Toda a nossa ansiedade consiste em subir no conceito do outro. E não me refiro somente às coisas básicas; refiro-me a tudo aquilo que fazemos só para impressionar a plateia, para arrancar dela aquele olhar de aprovação, de admiração ou até mesmo de inveja por nos ver assim, tão maravilhosos! Graduação, pós-graduação a nível de especialização, mestrado, doutorado, pós-doutorado, incontáveis horas de seminários, congressos e conferências, finais de semana diante do computador escrevendo para aumentar o número de produções científicas e publicações... Pelo quê? Até que ponto fazemos isso por nós mesmos, por que verdadeiramente nos realiza?

Para a grande maioria, todo esse tempo, todo esse esforço e dinheiro, todo esse suor e a perda de qualidade de vida são o preço do olhar de encantamento do outro. O prazer de ser alvo desse olhar parece ser secretamente arrebatador e compensar todo o sacrifício. Estamos numa sociedade onde parecer é mais importante que ser. Porque se você for e ninguém notar – pensam – de que vale a sua realidade? Bom mesmo – pregam – é exibir, alardear, demonstrar. Ser discreto parece o avesso da lógica. O mundo se move por imagem e glamour. Todos querem algum nível de glória.

Meu projeto de comercial de margarina tem sido insustentável. Quero vender exatamente o ser humano e a profissional que sou. Eis a minha verdade; a verdade desse dia, desse momento. Sem maquiagem, sem figurino, sem filtro ou iluminação artificial. Você gosta do que vê? Então compre. Você não gosta? Considere-se feliz de não ter sido iludido. Não faço mais a menor questão de vender margarina.

Pega varetas

Quando criança eu tinha um pega varetas. É preciso explicar, porque os mais jovens provavelmente não conhecem. Este jogo consiste em dezenas de varetas coloridas que você segura juntas e depois solta. Elas caem umas sobre as outras entrelaçadas. A brincadeira se resume a tirar cada vareta sem que as outras tremam. Cada varetinha retirada sem afetar as demais é um ponto. Quem conseguir repetir essa façanha mais vezes ganha.

Descontrole emocional faz perder o jogo. Pessoas deprimidas, distraídas ou de pavio curto são péssimas em pega varetas. Mas os piores jogadores são os egoístas. Esses acham que ganham o jogo só com a sua própria varetinha. Se ela estiver bem, todas as outras podem ser quebradas ou perdidas, todo o jogo pode ir pelos ares, pois o mundo gira em torno de seu umbigo. Digo, vareta.

Quem luta por um fardo mais leve ignora as demais varetas e se mexe como bem entende, não importando quem se magoe, ou que queixa tenha. Isso parece mais simples, mas tais pessoas geralmente ficam sem amigos e perdem o jogo da vida. São os que bradam que estão se lixando para a opinião pública, ou coisas do gênero, ainda que o público seja bem próximo a ele.

Eu confesso que me importo, e isso tem o lado bom e o ruim. O lado bom é que procuro tomar cuidado com os brios e as fragilidades de cada varetinha, tentando chegar à altura do que querem de mim, de seus apelos e desejos e de meu papel em suas vidas. O mais difícil disso é que cada um tem um limiar, uma faixa, um perfil. É necessário conhecê-las muito bem, porque até o tom de voz, por vezes, precisa mudar. O vocabulário e o tema das conversas também são diferentes e preciso saber até onde ir em um assunto, que histórias contar e o quanto revelar, inclusive para não ser cansativa. Você é o mesmo, mas cada um lhe enxerga diferente e o que funciona com um não funciona com outro.

Mas há um campeão nesse game da vida real: a cultura. Tanto a cultura pessoal quanto a cultura de uma empresa, comunidade ou nação. Cada um foi educado em um contexto e pensa e se comporta de um jeito. Cada pessoa tem um modelo mental. Senão vejamos: se eu chamo um grupo de pessoas para ir à minha casa e resolvo servir biscoitos com refrigerante, seguem os pensamentos - ou o diálogo se houvesse coragem para tanto - dos convidados:

- Ah, no meu tempo não se servia biscoitos, mas sim bolo. E não se deve jogá-los na travessa, mas sim arrumá-los. Tudo isso vai contra as tradições dos nossos ancestrais.

- E serviu o biscoito fora da embalagem, é anti-higiênico. Deveria vir na embalagem fechada e abrir na frente de todos, deixando que cada um, com guardanapos, pegasse o seu.

- Pior mesmo é que são biscoitos comprados prontos. Coisa de gente preguiçosa. O correto, quando se quer mostrar consideração pelas visitas, é preparar biscoitos caseiros.

- De nada importa a origem dos biscoitos, o problema é que serviu com refrigerante! Pessoas refinadas saberiam que biscoitos são servidos com chá ou café, jamais refrigerante.

- Ora, ora. É aceitável que se sirva com leite quente também. Qualquer criança sabe disso.

- A questão aqui é que são biscoitos doces, e eu sou diabética. Alguém por acaso quer que eu morra? Ninguém se importa comigo!

- A marca desse biscoito eu conheço. É uma porcaria. Se ainda fossem biscoitos finos... Eu só como biscoitos finos.

- Eles devem estar na miséria! Servir biscoitos com refrigerante? Se tivessem algum dinheiro teriam feito um jantar. Não se recebe adultos, num horário desses, com um lanche!

- Absurdo mesmo foi não convidar fulano. Todo mundo sabe que ele adora biscoitos e refrigerante.

- Acho que pessoas cultas e saudáveis não devem comer biscoitos. Por favor, uma porção de salada!

Diante desse cenário, que se repete na mente e nas bocas das pessoas em quase tudo que fazemos - desde roupas a casamento, passando pelo cabelo que temos e pelo bairro que moramos, além do curso que escolhemos e o peso a que chegamos, incluindo o nome que demos ao nosso filho e as reuniões domésticas que organizamos – fica fácil entender porque tantas pessoas se isolam com fobia social, enquanto outras simplesmente decidem chutar o balde, não mais se importando. Não é possível agradar a todos, não é possível prever o que cada um quer e questiono até que ponto é saudável tentar atingir isso.

Uma vassoura atrás da porta, por exemplo. Para mim, é só isso: uma--vassoura-atrás-da-porta. Como não é um objeto decorativo, na falta de lugar melhor para guardar, a porta serve. Parece discreto e perfeito. Para alguns, entretanto, é mandinga para expulsar visita indesejada.

Sinto-me tentando ser uma equilibrista de varetinhas, dia após dia. São tantos detalhes, e eu também espero tanto dos outros, que chega a ser insano. Esse é o lado ruim de se importar: cobrar-se demais. É preciso descobrir o ponto saudável entre me importar e não me importar.

Estamos entrelaçados como no jogo. Cada um tem uma cor, e algumas cores são iguais, mas as posições são sempre diferentes. Quando nos movemos no mundo podemos afetar as varetas ao nosso redor de maneira positiva ou negativa.

Relacionar-se é uma arte. Relacionamentos são delicados. Aqueles que não exigem tanto de nós são uma bênção. Gente sem frescura, sem chiliques, que sabe que a medida da amizade está no perdoar, entender e relevar constantes. Gente que você pode ligar a qualquer hora, falar o que quiser e até pisar na bola sem medo, porque sabe que vão saber que foi um deslize, apenas um momento, e que não devem te medir por um erro, por mais grosseiro que pareça. Gente que você não precisa pensar antes de falar, com quem não é preciso usar máscaras ou disfarces, com quem não é necessário aplicar um filtro entre o que sai de você e o que chega ao outro.

Mas como são raras essas relações! Normalmente nossos dias são tomados pela preocupação em agradar o mundo. Falar o que ele quer ouvir, escolhendo as palavras. Não usar o que ele não gosta e não ter uma postura que o desagrada. Lutamos para não decepcionar! Se esse estresse ocorresse apenas em relação a uma vareta, ainda seria administrável. Mas o caso é que isso se aplica a praticamente tudo e todos ao nosso redor. Ficamos neuróticos em relação ao que estão pensando de nós e tentando nos moldar à imagem idealizada pelo outro. Deixamos de ser nós mesmos e encarnamos uma personagem. Por vezes perdemos nossa identidade e vivemos uma farsa. Somos uma pessoa para cada um, com movimentos milimetricamente calculados para não perder o jogo.

Li um livro recentemente que se propõe a ensinar como conquistar as pessoas. Uma das lições mais curiosas defende que as pessoas querem ouvir falar de si mesmas, de seus problemas, suas vitórias, seus interesses. Se você conduzir uma conversa falando dos assuntos do outro, ele lhe ouvirá alegremente e lhe retornará com um bom diálogo, pois as pessoas ouvem seus próprios nomes com doçura e se agradarão de quem lhes proporcionar esse prazer. Assim também funciona com as atitudes: seja o que as pessoas esperam de você e elas te amarão, dê o que querem e te elogiarão. Ignore essa regra e ganhará inimigos. Até que ponto isso é bom? Em que momento passa a ser sufocante?

Ganhar o jogo geralmente significa se mover com sabedoria entre as varetas de sua vida, conduzindo-se de modo saudável para você e para elas. Mas o fato é que ninguém ganha o jogo com uma vareta só, tampouco ganha se não tem habilidade com as demais. Ou seja, sem bom relacionamento social, sem tato, sem solidariedade ou generosidade. Em momentos específicos já desejei ser uma ilha, mas nunca consegui. Sempre estarei vinculada a outras varetas. Todas esperam que eu interaja com elas com carinho, respeito e consideração especiais. Cada uma deseja algo de mim e treme, sentida ou irritada, cada vez que eu não correspondo à fantasia que elas mesmas criaram. Com algumas posso ser expansiva, com outras preciso ser séria. Com algumas mais firme, com outras mais doce. Cada uma exige uma estrutura, uma superação.

Preciso me mexer como em um campo minado ou um jogo de raios lasers se não quiser magoar ninguém. Um passo em falso e terei um ser humano com queixas de mim. A própria vareta cria expectativas a meu respeito e só me resta corresponder. É injusto cobrar uma perfeição que não podemos dar. É cruel pedir que vivamos preocupados em atender a todos, da maneira como cada um nos concebeu em sua mente.

Não devemos ser insensíveis e sair afetando as demais varetas, agredindo-as com nosso mover indiscriminado. Mas se tivermos um cuidado doentio não daremos sequer o primeiro passo. Quem muito teme não toca, não faz jogadas, e consequentemente não consegue um bom resultado. O medo de errar não pode nos deter.

É importante não se anular, perder a própria identidade ou enlouquecer nesse processo. Entretanto, sempre que for preciso, devemos voltar e consertar nossos erros, embora na vida não haja garantias de poder reunir as peças e reiniciar o jogo. O melhor é pensar antes de cada movimento, com equilíbrio. Quero me importar e não me importar na medida certa. Quero ganhar o jogo.

Entendendo sua dúvida

"Você não entendeu sua dúvida", dizia um jovem estudante a outro, seguindo-se risadas e reconstruindo a frase. Daí imaginei a possibilidade de que estivesse querendo dizer exatamente o que disse, numa abordagem filosófica.

Não entender a explicação é até normal, mas não entender a própria dúvida é preocupante. E é assim com muitos de nós ou com todos nós em algum momento. Não sabemos de que ou porque duvidamos, e não temos certeza de duvidarmos. Se não temos as respostas, tenhamos ao menos as perguntas bem definidas em nossas mentes. Se não acreditamos, ao menos saibamos a razão. Desenhar com traços firmes suas dúvidas é parte da construção da personalidade. Não ter medo de duvidar é evolução. É inteligência. É maturidade.

Felizmente, nesse momento de poucas respostas, ao menos entendo e tenho consciência de minhas dúvidas. Sei como cada uma se formou e chegou onde está; sei o caminho que percorreram e não me angustio com sua presença como antes. Estou preparada para conviver com elas, embora façam um senhor estrago. Em meio à desconstrução que causam, espero - com irônica e contraditória falta de expectativa ou exigências - as soluções, que talvez nunca cheguem, ou venham de forma frustrante, me dizendo o que não quero ouvir.

Abandonar a fé não soa necessariamente como alguém que acorda após um longo sono; por vezes se assemelha a quem se perde mesmo em uma estrada muito bem sinalizada. Não se parece com o menino ingênuo que agora cresceu; mas lembra a filha mui amada que, tornando-se mulher, despreza e abandona sua devotada mãe, gritando que a odeia. É o ato de rasgar uma identidade e negar o passado. Uma prova ingrata de até onde a vaidade do homem pode chegar, certo?

Geralmente pensamos assim de quem deixa a fé que professamos e continuamos a considerar correta, porém festejamos o corte de cordões umbilicais com crenças que julgamos enganosas, seitas e heréticas. Para alguém que se sente inseguro, não parece haver diferença ou coerência de discurso. Chegaremos a discussões sobre quais são as Escrituras sagradas e quão válidas são as experiências místicas pessoais, culminando em convicções interiores e profissões públicas de fé.

Necessário se faz que cada um saiba o quão perene e verdadeira é sua própria estrutura de fé, sem fragilidade ou medo de que alguma dúvida possa assaltar e quebrar toda sua rede de proteção espiritual. Estudar filosofia ou teologia, ir à faculdade ou viajar o mundo não devem se constituir em perigos. Saiba em quem tem crido e tenha sua coroa guardada até o dia final.

Claro que não tenho todas as respostas. Tenho muito poucas, na verdade. Mas sou fascinada pelas perguntas. Uma pergunta tem o poder de abrir um leque infinito de possibilidades, desde que se saiba o que fazer com ela. Ainda que não seja o caso, já será uma contribuição. Ela ficará no ar, livre, em busca de uma resolução que a acolha.

Por causa das perguntas o ser humano chegou onde está. Elas o tiraram da passividade, levando-o a pensar. Alguém que ousa perguntar não é um tolo, é um sábio. Começa por saber que não sabe, depois tem a humildade de imaginar que o outro possa saber mais. Consegue calar para ouvir a resposta, e por vezes se propõe a esperar mesmo que esta nunca venha e, ao chegar, nem sempre compense ou agrade, às vezes devolvida como uma nova pergunta, num ciclo aparentemente infinito.

Devemos encher o mundo de interrogações, sem medo. Decerto há risco de palavras fatais e verdades para as quais não se está preparado. Mas como saber sem inquirir? Aparências e respostas podem enganar, mas perguntas são fantásticas!

Jesus sabia disso e creio ser essa a razão de suas frequentes indagações, mesmo quando as respostas pareciam exageradamente óbvias. Ele perguntava a um cego ou a um paralítico "o que queres que eu te faça?"

Sempre me questionei a respeito dessa sua atitude. Em primeiro lugar a resposta gritava bem à sua frente. Em segundo lugar ele sempre sabe de tudo. Por que isso, então?

Aí está o segredo. Jesus sabia o valor de uma boa pergunta e estava dando a eles a chance de responder com grandeza, fugir do óbvio. Se não é possível surpreender a Jesus, ao menos é possível agradá-lo, impressioná-lo e receber dele elogios, como no encontro com o centurião, em que Jesus "maravilhou-se dele". Deus encantado com as palavras de um homem.

À mulher adultera lançou as palavras: "Onde estão aqueles teus acusadores? Ninguém te condenou?". Estaria ainda tremendo e precisava acalmar-se? Penso que a proposta era fazê-la abrir os olhos para o ponto a que havia chegado e ao mesmo tempo acordar para o milagre. O impossível acontecera, a morte iminente tinha sido descartada. Ele sabia de tudo, mas será que ela estava se dando conta?

Ele é onisciente e conhece os pensamentos, porém ainda assim perguntava o que estavam arrazoando em seus corações. Mesmo sabendo a resposta Ele faz a pergunta. Sabe que indagar nos outorga uma oportunidade, nos faculta a palavra. Alguém está nos respeitando e valorizando, calando para nos ouvir falar. O objetivo seria ensinar ao povo, como Ele fez quando orou ao Pai por Lázaro: "bem sei que sempre me ouves, mas eu disse isto por causa da multidão que está em redor, para que creiam que tu me enviaste".

Vendo o paralítico que foi descido numa maca por um buraco feito no telhado da casa demonstrou uma boa opção de resposta. Ele não foi clichê, não curou o doente. "Perdoados te são os teus pecados". Como assim? Por fim, para que soubessem que podia perdoar, curou também.

Os cegos, paralíticos e leprosos poderiam ter respondido às perguntas de Jesus de muitas formas. Dentre elas: "Senhor, que me perdoes". As respostas deixavam clara a visão limitada e terrestre de quase todos.

Mas houve exceções. Quando perguntou "e vós, quem dizeis que eu sou", Pedro soube dar uma resposta revelada pelo Pai, e talvez não por coincidência a este mesmo Pedro propôs uma questão por três vezes. Posso imaginar, numa liberdade de divagações, Jesus trazendo Pedro à reflexão.

Coloco-me no lugar do discípulo. Ouvir o Mestre insistir naquela pergunta enquanto me olhava nos olhos e via o fundo da minha alma. Eu iria pedir desculpas, me justificar? Já que por três vezes o tinha negado, importava pensar profundamente se havia amor, que tipo de amor era esse, se ainda estava lá e se iria até o fim. Esse amor se cansaria, ou eternamente seria a resposta a ser dada a Jesus? Jesus, que sabe de tudo – como Pedro bem disse na ocasião – e mesmo assim pergunta, ouvirá que resposta de cada um de nós?

Sejamos criativos nas respostas, porque a vida o é nas perguntas. Um dia minha filha desenhou as características habitualmente atreladas a determinada imagem e em silêncio me entregou. Perguntei:

- Uma princesa?

- Eu te desenhei como você é em meu coração – disse a criança, acenando positivamente. Ela nem usou a palavra amor. Mas precisava?

Filhos e escolhas

Muitas coisas não pudemos, podemos ou poderemos escolher. O local e a época em que nascemos, nossa família de origem e o poder aquisitivo dos nossos pais, nossa aparência, nosso temperamento, talentos ou o tipo de inteligência que temos. Muitas oportunidades que chegam à vida de uns nunca chegam à de outros, bem como bênçãos ou tragédias que acontecem tanto aos maus quanto aos bons. Filhos, por exemplo, nos ensinam que não estamos no controle de tudo. Mesmo quem engravidou de forma planejada no geral não pôde escolher se viria menino ou menina, saudável ou não, se um ou dois etc.

Filhos dependem de compromisso e disciplina; você cuidará de seres humanos, diariamente, por um longo prazo. Filhos tratam seu egoísmo, porque seu tempo, sua casa e seu dinheiro não são mais só seus. Filhos desenvolvem sua resiliência, desprendimento, poder de argumentação e negociação, porque suas escolhas e decisões não dependem só dos seus interesses e vontades. Eles combatem a rotina e põem à prova o seu amor, porque cada fase é diferente, e seu bebê pode passar por algumas difíceis para ele e para você. E por fim, filhos não são clones seus. Então quanto antes você aprender a não depositar neles suas expectativas, menos todos vão sofrer. Eles saíram de você, e você lhes ensinará seus princípios e valores, sua ética e cosmovisão; mas eles sempre terão um temperamento e uma personalidade próprios, seguirão seus caminhos, farão suas escolhas e colherão as respectivas consequências, por mais marcados positivamente que sejam pela sua influência, porque são outros indivíduos, vidas e histórias. Parece óbvio, mas seus filhos não são você.

Se sua filha não for presidente, se seu filho não subir no lugar mais alto do pódio, se não for o primeiro da classe, a primeira bailarina, o vencedor da olimpíada de robótica, a nota mais alta em várias universidades para os cursos mais concorridos; se ela não for a mais bonita, ele não for o mais rico, se não estiverem nos melhores e mais caros colégios e não forem populares entre os coleguinhas, lembre-se: muitas dessas coisas são desejáveis, podem ser buscadas e devem ser comemoradas, mas o maior valor é criar homens e mulheres de bem. Cidadãos éticos, honestos, com bons princípios e valores. Gente educada, gente de Deus. O resto é vaidade, necessidade de se exibir ou projetar nos filhos frustrações e sonhos pessoais, além de muita ostentação.

Se pudesse escolher, em que lugar do tempo e do espaço você estaria agora? Com quem, onde, quando, sentindo e vivendo intensamente o quê? Em muitos aspectos não temos controle nenhum. Então, nas poucas chances que você tiver, em questões nas quais a decisão for facultada a você, faça-se um favor: escolha bem. Agora vai lá e dá um beijo no teu filho ou filha, independente de grandeza ou superioridade frente aos demais, mesmo porque essas não deveriam ser as metas. Que sejam a melhor versão de si mesmos em Deus. Festeje a bênção e a herança que o Senhor afirma que eles já são.

Já mãe

Desde a primeira concepção eu já era mãe, tanto quanto já era vivo o ser minúsculo que havia em meu ventre. Na ocasião já comecei a ser tomada pelos medos da maternidade. Colocar um filho nesse mundo não parecia uma boa ideia. Definitivamente não era um lugar seguro para o meu bebê.

Mas o tempo passou e Deus foi me mostrando algumas coisas. Comecei a andar sozinha aos poucos, a partir dos 12 anos, e daí para a frente corri muitos riscos pelas ruas da cidade. Flertei com várias filosofias e religiões, tive acesso a filmes e livros com grande potencial de influência negativa e passei como pude pelo bombardeio dos hormônios. Em algumas situações lidei com assédios. Virei madrugadas estudando, fiz cursos diferentes, passei por testes, concursos e entrevistas de emprego. Casei-me, comecei uma nova vida e tive de amadurecer quando achava que já estava pronta. Descobri o quanto errava em inúmeros aspectos. Cometi muitos pecados. Fui assaltada várias vezes, algumas com violência. Passei por cirurgias e procedimentos diversos, perigosos e dolorosos.

O que há em comum entre todos esses momentos é que, na maioria absoluta deles, meus pais não estavam comigo. Não que eles fossem ausentes, nunca foram. É que pais orientam e cuidam até certo ponto, mas a nossa história só a gente vive. A maioria dos desafios vamos enfrentar sozinhos. O que fica em nós são os ensinamentos deles e, para quem crê, sempre a presença de Deus. De uma forma ou de outra, sobrevivi e cheguei ao dia de hoje rica de experiências e com um coração agradecido.

Então, meus filhos, sei que vocês têm uma vida pela frente. Assumam a responsabilidade de suas escolhas e, em cada rua escura ou decisão difícil, nas lutas típicas dos estudantes ou do mercado de trabalho, doença, tentação, crise financeira ou de fé, mesmo que eu e seu pai não estejamos fisicamente perto, que nossos exemplos e orientações estejam inculcados na mente e na alma de vocês. E saibam que Deus, esse sim, nunca está longe, mesmo quando ele permite o que não somos capazes de entender. Eu preciso confiar em Deus sobre vocês e descansar, porque o cuidado dele é ainda maior que o meu.

O cinto

Desde muito novinha, sempre tive um ar maternal. Eu queria proteger, orientar e estava sempre com uma postura de irmã mais velha, mais responsável, mesmo tendo a mesma idade dos demais membros do grupo. Daí eu era chamada para ser a líder, "xerife" ou conselheira. Ao ser colocada para falar para um grupo de adolescentes, sempre as chamava naturalmente de princesas. Meu esposo dizia que eram as minhas meninas. Víamos um livro, filme ou atividade e pensávamos em como podia abençoar minhas princesas, minhas meninas.

Daí ela chegou. De repente eu tinha uma em casa. Uma menina, uma princesa. E o peso de educar era tão maior do que eu jamais havia experimentado. Quando os filhos crescem, a gente faz como? Descobrindo, explorando, tentando... Bastou saber que a tinha em meu ventre para começar a entender melhor meus pais.

"Mamãe, eu coloquei o cinto", ela disse e eu consegui ler seus lábios, já que a janela do ônibus me impedia de ouvir. Hoje pela primeira vez minha filha dorme fora de casa, longe da família. Ela foi, eufórica, para um retiro infantil. E há uma família lá para ela. Mas o que me chamou atenção foi a frase sem som. Eu havia ensinado várias coisas sobre cuidados diversos e uma delas foi "use o cinto de segurança". Estou convencida que uma das formas de os pais estarem "lá" mesmo quando não estão são os conselhos, as lições de vida. E haverá muitos momentos em que ela estará "lá" enquanto eu estou aqui. A vida está só começando e ela não nasceu para ficar grudada na barra de minha saia. Eu preciso deixá-la ir. Mas não vou deixar de estar presente. Ela há de lembrar que eu ensinei a não roer unha, a não mastigar de boca aberta, a lavar as mãos depois de usar o banheiro. Lembrará de mim sempre que receber um presente para dizer "obrigada" e quando precisar passar para dizer "com licença".

Sei que há uma fase em que a vontade é gritar coisas semelhantes a "eu te odeio", "nunca gostei disso" ou "agora sou livre para discordar de você"; mas no fundo do meu coração mantenho a esperança de estar fincando palavras com amor no íntimo de sua alma, para daqui a muitos anos ouvi-la ainda dizer: "mamãe, eu coloquei o cinto!"

Crianças crescem

Para alguns de nós é difícil ver os primeiros cabelos brancos e a pele que, bem lentamente, começa a ficar flácida. Muitos começam a olhar para traz pensando em tudo o que não fizeram ou não tiveram e em todas as vezes que quebraram a cara. Há tantos que querem voltar no tempo. Alguns fariam diferente, outros batem no peito dizendo que não se arrependem de nada. Sempre achei essa última frase meio suspeita, mas enfim... É certo que vida adulta não necessariamente significa maturidade, e vice-versa. Há muitas crianças maduras e muitos adultos imaturos. Mas há algo bom a ser treinado. Chama-se "filtro". Podemos filtrar em nossa história de vida as experiências boas, deixando cair as ruins.

Para as ruins, perdoe o outro, perdoe a si mesmo, peça perdão, esqueça e apague. Parece difícil ou impossível, eu sei. Mas muitas vezes as lembranças desagradáveis não são apagadas porque, inconscientemente, continuamos a reescrevê-las em nossa mente e jogamos fora, dia após dia, as borrachas que aparecem pelo caminho.

Para as boas, reforce, se possível repita, ria sozinho, alimente uma saudade saudável que não dói e não te prende no passado. Somente uma voz que agradece por ter vivido tudo aquilo, uma convicção de ser privilegiado, agraciado.

É possível viver muito em pouco tempo ou pouco em muito tempo. Mas algo bom que a vida traz é a prova do quanto você é mais forte do que pensava ser. Quantos desafios vencidos? E você achava que não suportaria!

De repente você olha para si mesmo e pensa: "sobrevivi". Pois é, a criança cresceu. E isso pode ser muito bom, também.

Eternizada

Mãe, eu sempre vou lembrar de tomar chá de Boldo para dor de barriga, e que não pode deixar a comida muito tempo fora da geladeira porque estraga. Nunca vou esquecer os testemunhos e milagres que a senhora me contou, e sobre como é bom ser acordada de madrugada por Deus para orar! Sabe, ninguém nunca vai ter paciência comigo ou se preocupar do mesmo jeito que a senhora faz. Eu queria conseguir fazer o bem intensamente por todo mundo como a senhora, e choro porque sei que há milhões de coisas que eu só sei hoje porque a senhora me ensinou um dia e que eu vou lembrando no dia a dia, quando as situações acontecem.

Sabe aquela adolescente preguiçosa, que não te ajudava? Pois é, hoje tem sua própria casa para cuidar e não teve escolha senão mergulhar na faxina, porque é comigo mesma - e a família que construí - e é assim que tem que ser! Até que me tornei uma boa dona de casa, sabe? Pelo menos eu acho. Assumi tarefas de gente grande: fazer compras no supermercado, criar e educar filhos, trabalhar fora, pagar contas e viajar sozinha. Mas nunca vou esquecer a senhora me ensinando a descascar batatas, a temperar o feijão e fazer o molho do macarrão.

Desculpe não te visitar com maior frequência; a senhora merece uma filha mais presente. Do meu jeitinho torto, eu te amo e sinto um orgulho absurdo da senhora. Dentre todos os ventres, que bom que fui gerada no seu.

Não suponha

Tem coisas que nos parecem óbvias, mas não necessariamente o são.

Eu lembro de um garoto de pé vendo o Filme Jesus que estávamos exibindo na praça. Ele parecia interessado, mas apreensivo. Eu só conseguia enxergar que ele estava de pé. Ofereci e tive de insistir para ele aceitar uma cadeira. Ele não aceitou, evitou, tentou fugir. Eu insisti, acreditando que precisava vencer uma eventual timidez. Após 2 minutos sentado ficou clara a razão de seu temor. Havia um adulto que não queria que ele estivesse ali e prontamente lhe castigaria. O garotinho levantou-se às pressas e tentou escapar. E eu, que pretendia ser gentil, percebi que minha ajuda tinha sido um problema em sua vida.

Em outra ocasião um homem pediu dinheiro a meu pai, que por sua vez deu uma sacola cheia de pães. Assim que saiu o homem jogou o alimento no esgoto. O dinheiro não era para matar a fome.

Eu poderia citar outros exemplos, mas o ponto é: nem sempre é fácil deduzir o que o outro pensa, sente, quer ou precisa. Por mais que as circunstâncias levassem a certas conclusões, Jesus sempre perguntava:

- Que queres que eu te faça?

Uma mulher passava pela rua carregando pesadas sacolas de supermercado. Pendia para um lado e para o outro. Parava, descansava, trocava de mãos. Durante o trajeto foi vista por várias pessoas. As reações foram diferentes em cada testemunha:

- Pobrezinha! Todo esse peso a pé?

- Abençoada! Eu aqui passando fome e ela cheia de comida! Como eu queria que fosse eu ali!

- Ela fez promessa e está pagando?

- Isso é ótimo para definir os braços!

- Será que o supermercado está em promoção?

- Hoje tem festa? Boca livre é comigo mesmo!

- Se continuar comendo assim vai engordar!

- Ela deve comprar por um processo inconsciente de transferência e compensação de suas carências emocionais não supridas pelo marido...

- Nossa, que vestido horrível.

- Ela mora perto ou longe?

Diferença mesmo fez um rapaz que não pensou nem deduziu nada, apenas perguntou:

- Moça, posso ajudar? E estendeu a mão para dividir o fardo com ela.

Não precisamos supor ou julgar. O melhor é perguntar como podemos ajudar. Ou seja, verbalize; chega de tentar adivinhar. Conte qual é a sua, seja objetivo e verdadeiro; porque até para ajudar é preciso saber. A vida tem me ensinado a dar liberdade às pessoas. Tenho aprendido a respeitar a individualidade do outro. Aprendi a só ajudar quem quer ajuda, quem pede ou aceita, e sob as condições adequadas. Há muita gente fazendo a velhinha atravessar a rua sem querer e deixando a idosa sozinha na hora de voltar ao seu caminho.

Percebendo

Um dia estava eu de celular novo. O tal aparelho, não sabia eu, permitia que o som ficasse audível mesmo quando eu usava o fone de ouvidos. E lá estava eu na lanchonete, ouvindo rádio evangélica enquanto lindas canções tocavam e alguém falava de Jesus. Toda discreta, crente que estava imperceptível, notei uma pessoa que me olhava acenando a cabeça em concordância. Ela parecia dizer: "muito bem, evangelize!". Eu não entendi e fingi nem perceber. Terminei meu lanche, saí e, só depois, bem depois, descobri que a situação era entre hilária e ridícula. Por que eu estava de fone se todos ouviam externamente? Seria eu uma louca?

Assim somos nós em várias situações. Temos a impressão de que estamos sendo discretos, mas todos estão vendo e ouvindo. Acreditamos que escondemos algo, mas todos estão percebendo. Nos vangloriamos de ser bons atores e atrizes, usando máscaras sem saber que são absolutamente transparentes. As pessoas lerão nas entrelinhas, analisarão nosso discurso, notarão roupas, linguagem corporal e tudo o mais. E a gente com o fone no ouvido, se achando.

Algumas pessoas não querem se comunicar, querem impressionar. Alguns não querem dizer o que pensam, mas demonstrar que conhecem o que outros disseram. Muitos não querem ouvir, mas sim buscar a primeira oportunidade para falar. O grande engano de tantos é o orgulho, percebendo-se maiores do que realmente são. E somos muito pouco, somos tremendamente pequenos. A única esperança de sermos alguma coisa acima do nada está ligada a sermos feitos filhos de Deus, e para isso é preciso crer, arrepender-se e pedir perdão. A essa altura o ser humano já encontrou humildade suficiente para enxergar-se com clareza e submeter-se ao senhorio de Cristo. De joelhos, ficamos muito altos. Mas quando nossa alma usa saltos, a mão de Deus os quebra. Que o Senhor possa abrir nossos olhos para ver quem somos e quem Ele é.

Estude profundamente todas as áreas e correntes teológicas; leia as inúmeras Bíblias de estudo, faça os melhores seminários e vá aos mais renomados congressos; mas quando estiver diante do trono, seja somente uma criança adorando.

Regente

Por volta dos meus 20 anos de idade, o regente do grupo do qual eu fazia parte me confiou participar de uma cantata de Natal. Nela, eu interpretaria Maria em uma fala e em seguida faria um solo junto a outro grupo vocal que sempre admirei.

Em todos - absolutamente todos - os ensaios eu falhei. O texto logo decorei e tudo corria bem, mas a música me parecia ter um tom mais alto do que eu podia alcançar. Errava, não conseguia, me desesperei, só pensava em desistir e pedi ao regente para colocar outra pessoa em meu lugar. Eu tentava em casa também, sozinha, e tornava a falhar. E assim eu estava convencida de que passaria uma grande vergonha publicamente. Curiosamente o regente se mantinha calmo, impassível e sustentou sua escolha: seria eu a cantar. Ele dizia que eu tinha a voz certa para o que ele precisava. Eu discordava e tinha medo, ele confiava e estava tranquilo.

Na noite da apresentação eu estava pronta para o fracasso, mas decidida a tentar com dedicação. Aquela roupa de Maria era pesada e me fazia calor, o manto prendia minhas orelhas e me fazia ouvir mal. Dor de barriga, vontade de tossir e nada além da fé na misericórdia de Deus estavam comigo. Eu também pensava: por que o regente acredita em mim?

Mas chegou minha vez e eu subi ao palco. Interpretei Maria em sua fala e foi tudo bem, mas chegou a hora de cantar. A música começou, eu fechei os olhos e dei o meu melhor. Ao final, procurei uma pessoa de confiança e perguntei como fui. Muito bem, ela disse. Não havia errado nenhuma nota, tudo correu satisfatoriamente.

Eu agradeci a Deus e aprendi que meu regente não estava louco. Ele só entende de música bem mais que eu. Ele conhecia minha voz e sabia o que estava fazendo. Ele creu em mim quando nem eu mesma podia crer.

Assim é Deus, o regente de nossas vidas. Sabe quem somos e o que podemos fazer e crê em nós, até mesmo quando não cremos nele e não confiamos em suas escolhas e decisões. Mas eu descobri que ele sabe o que está fazendo. Ele sempre sabe. Apesar de tudo, apesar de mim.

Profissionais

É preocupante a premissa de que bons profissionais não levam suas vidas pessoais para o ambiente de trabalho. Palavras lindas, mas irreais. Mesmo aqueles que atingiram um nível de excelência, o Estado da Arte, não deixam de ser humanos. E todo ser humano é único, é inteiro. Ainda que seja um grande ator - capaz de vestir a personagem necessária ao momento corporativo - está tudo lá, bem no íntimo, ou mesmo na superfície.

Amanhecer com um beijo da pessoa amada faz o dia ser irremediavelmente melhor. As reuniões mais enfadonhas tornar-se-ão divertidas e você não sentirá o tempo passar. Durante ferrenhas negociações ou estressantes problemas alguém perceberá você rindo sozinho, aparentemente sem razão. Os colegas verão sua pele iluminada e sua produtividade será potencializada. O relatório que há um mês não saia, hoje sai!

Paralelamente, após uma discussão com um filho, ou durante uma crise financeira ou no casamento, fica difícil até levantar-se da cama, que dirá encantar o cliente ou os acionistas. Decerto que os competentes se sobressaem até nesses momentos; se superam, batem seus próprios recordes e redefinem o significado do termo "resiliência". Mas se ferido ele rende muito bem, curado quem poderá segurá-lo?

As empresas precisam cada vez mais enxergar os colaboradores como homens e mulheres complexos. Em casa ou no trabalho, é preciso ser feliz. E a vida é uma aventura que merece ser vivida com sabedoria e carinho. Importa estar bem no privado para estar realmente bem em público.

Os investimentos focados nas metas empresariais são indispensáveis, com certeza. Mas o agente desse sucesso precisa sentir que sua intimidade também está batendo e superando metas. Suas metas pessoais atingidas darão fôlego renovado para contribuir com as metas organizacionais. Então contrate o homem todo e a mulher completa, e sejamos todos empreendedores cheios de tudo que nos compõe.

Liberdade esquecida

Quero tentar coisas diferentes a cada dia e assim redescobrir uma sensação esquecida de liberdade. Mas o que digo? Será que algum dia já fui realmente livre?

Marcar um encontro com meu marido e esperar ansiosa como se fosse o primeiro, ir ao cinema em horário alternativo, dançar canções infantis com as crianças - as suas ou as dos outros, não importa -, dar um sorriso aberto, mesmo que torto ou metálico. Caminhar descalça, tomar banho de mar à noite, sujar-se de areia e não se importar com o que os outros vão pensar. Descobrir que há amigos que não conhecíamos e conhecidos que queríamos como amigos, e depois esquecer quem é quem, misturar tudo de novo e amar a todos. Rir até acreditar no próprio riso, até duvidar do próprio choro. Ajudar alguém escondido de si mesmo, escondido de seu orgulho. Mergulhar na fé. Ser radical na busca da Verdade. Encontrar o Grande Eu Sou e descobrir que Ele sempre esteve bem perto.

Não defendo a perversão, não se trata de competição, traição ou corrupção. Não prego a ilegalidade ou a ilusão. Apenas uma saudável liberdade, uma alegria infantil, uma experiência nova. Às claras, de peito aberto para, ao deitar-se, poder pensar extasiada: "Há sangue nas minhas veias e vida na minha vida!". E ao final perceber, convicta, que nenhum tipo ou grau de prazer físico e natural chega aos pés do mais simples ou básico prazer espiritual e sobrenatural.

Esse rosto que vira

Algumas atitudes me chamam a atenção. Como a alma humana consegue ignorar o outro deliberadamente? Coisas simples como um bom dia que não encontra resposta. Deve haver uma razão para esse silêncio, para esse rosto que vira.

Recordo-me de um rapaz de cargo considerado humilde na empresa. Todos os dias eu o cumprimentava, sem retorno. No dia seguinte eu parecia ser louca, voltava a entregar minha atenção. E no dia seguinte, e no outro e meses a fio. Algo me dizia que ele não respondia porque estava acostumado a ser ignorado. Em sua mente certamente pensava que havia algo errado comigo, não era possível que eu o enxergasse, já que tantos não o viam. Considerando que eu não desistia, um dia rendeu-se. Afinal, pode ter entendido que eu realmente o respeitava como o ser humano que ele é. Surpresa, recebi um bom dia em resposta e, dali em diante, sempre respondia, depois respondia rindo e em seguida ele mesmo tomava a iniciativa, resultando em altos papos.

Foi um longo trajeto até ele perceber que eu reconhecia seu valor, ou talvez até ele mesmo se perceber.

Entretanto há um outro lado do mundo. Há aqueles para quem os demais são desprezíveis. Bom dia, boa tarde, boa noite e até mesmo perguntas objetivas em alto e bom som são ignoradas repetidamente. Passam-se os meses, vão-se os anos, e percebe-se que as únicas ocasiões em que se obtém desses atenção são os raros momentos em que, de alguma forma, o sujeito lhes pode ser útil. No dia seguinte volta a ser invisível. Não se trata de um calar tímido ou humilde, mas superior.

Algo me preocupa. A Palavra defende que os humildes serão exaltados e os soberbos humilhados. Ao longo da vida tenho percebido o número de vezes em que a pessoa ferida foi a única disponível para curar quem a feriu, e dói mais quando o mal é pago com o bem, que quando é pago com novo mal. Brasas amontoadas sobre a cabeça de alguém. "O mundo é redondo, e gira", repete um colega de trabalho. Ou em termos bíblicos, "tudo o que o homem semear, isso também ceifará". Isso não é uma ameaça, nem uma promessa; é somente uma constatação, um fato.

Números e palavras

Alguns gostam de números, outros de cores, muitos de notas, eu de palavras. Quando entro em uma livraria sinto que poderia ficar lá para sempre. Morar lá. Isso desde sempre. Antes de me entender por gente. Mesmo sem dinheiro eu entro e fico, e fico, e fico até os atendentes se perguntarem se eu quero roubar ou qualquer coisa do gênero. Eu folheio até encontrar o aviso de "não leia os livros" e agradeço a Deus pelas que permitem e até disponibilizam mesas e cadeiras. Só o cheiro de papel novo, as capas plastificadas, as folhas virgens. Milhares de mundos esperando por mim. Títulos me chamando, coleções, promoções, clássicos, modernos e mais todos os livros que um dia intentei escrever e descobri, frustrada e encantada, que já escreveram antes. Sentir que não sou original e ao mesmo tempo que não fui rápida o bastante. Mas também, sentir-me parte de uma humanidade tão íntima de si mesma, de seu outro - ainda que esteja em distante continente ou distinto século - e ser tão eu, tão o mesmo. A capacidade de rir, chorar, sentir raiva, amar. O arrepio. A testa que franze. O desafio de alcançar as prateleiras mais altas. A vontade de deitar-me no chão.

Gosto de ler sobre o autor. Esse escreveu 12 títulos, aquele mais de 30 e outro só 1, mas amei todos. Mesmo quando não é bom, é bom. As palavras me arrebatam e há tanto a fazer, se tão somente soubermos usá-las tanto quanto um músico compõe e toca suas canções. Não tenho noção de onde podem me levar, mas quero ir. Meus melhores textos nunca são escritos. Sempre se perdem porque fluem rápido demais para que meus dedos deem conta de registrá-los ou minha voz de gravá-los. Com frequência acontecem em locais e momentos em que não tenho onde escrever. Eles tomam conta de mim e me sinto perdida, alucinada e em êxtase por causa das palavras que se encontram como cores sobre uma tela ou notas sobre um piano.

Os que amam as letras ficam encantados quando elas brincam de se juntar. Alguns degustam só determinados temas, outros leem de tudo. Para os que gostam de ler, um texto nunca é grande demais. Na verdade, é sempre pequeno, acaba antes, fica faltando, deixa saudade, procura-se o volume 2 e até bula de remédio tem sua graça: "proibido para gestantes e lactantes", que interessante! Quando o texto não é bom, continuam lendo para ver onde vai parar e o quanto consegue piorar. Se é difícil, seja pelo estilo de escrita ou assunto naturalmente complexo, forçam o raciocínio para decodificar o que o autor quis dizer. Leem quando concordam e quando discordam, para rir ou chorar, para conhecer o novo ou se reconhecer no outro.

Há ainda os que não gostam de escrever. Talvez porque não saibam como. Existem pelos menos duas razões para alguém não escrever e que se aplicam à maioria dos assuntos da vida: ou a pessoa não sabe como fazer tecnicamente ou não o sabe emocionalmente. Vejamos: uma pessoa pode não ter sido alfabetizada adequadamente, assim, provavelmente escrever não será sua atividade favorita. Mas há aqueles que não sabem ler as próprias emoções, os próprios sentimentos, não sabem ler a vida ou a si mesmos e, diante disso, o que fazer diante da folha ou da tela? Quão difícil será a tarefa de encontrar palavras. Mesmo para aqueles que as conhecem muito bem, tem-se a impressão de que não será lançada sequer a primeira letra. Um dia ouvi que é só começar com maiúscula e terminar com um ponto. Achei muito espirituoso, pertinente e inteligente, até eu descobrir, toda hora h, que eu esquecia completamente o que significava maiúscula e nunca ouvira falar em ponto.

É essencial não somente ser um bom escritor. Bons escritores precisam de bons leitores. E bons leitores são feitos de muitas coisas, tais como amor às letras, curiosidade, concentração e capacidade de interpretação apropriada ao nível dos discursos que o livro trará, dentre outras. Para ser um bom intérprete de obras literárias é preciso ser um bom intérprete da existência, ou seja, saber ler as emoções que o autor, por sua vez, em teoria soube escrever. Ou seja, bons escritores precisam saber se expressar corretamente em determinada língua e conseguir por em linhas o que seu mundo interior quer comunicar.

Então chegamos àqueles que gostam de escrever. Pessoas geralmente muito observadoras, sensíveis e detalhistas, que tem uma visão ampla do mundo e da vida e sentem um desejo imenso de imortalizar emoções, pensamentos, histórias e estórias. São pessoas que escrevem em guardanapo se for preciso, papel toalha, orelha de livro, qualquer lugar. Houve momentos na história em que as pessoas escreveram com carvão e alguns com seu próprio sangue. Escrever é compor, só que será uma letra cujo arranjo e melodia serão novos a depender de quem ouve. Nesse caso, de quem lê. Cada escritor terá seu público, que nasce naturalmente e é fiel, tanto quanto é exigente em suas expectativas e escrachadamente sincero em suas críticas.

Há dois momentos básicos - intercalados ou coexistentes - na escrita: inspiração e transpiração. Tem início quando surge a indignação, a ira ou o tesão. Todas aquelas paixões, opiniões e conclusões às quais se chegou e a vontade de gritar para o mundo inteiro ouvir. É isso que se vai escrever. Isso é inspiração e tem a capacidade de acontecer em qualquer lugar, e geralmente nas horas mais impróprias em que realmente não se pode parar o que se está fazendo. É aí que entra o papel de embrulho ou a palma da mão, ao tentar guardar na memória a magia e o frescor daquele texto até poder chegar em qualquer lugar onde possa ser escrito com mais cerimônia e oficialidade. Nesse momento entra a fase da transpiração. O escritor não vai lembrar de tudo e isso o deixará louco, pensando e tentando recuperar o que perdeu. Daí ele começa a apelar. Faz a técnica do "reconstrua o momento", concentrando-se tanto quanto pode para ter de volta a emoção original, porque sabe que das emoções, evocadas de todas as formas possíveis, vêm as palavras, e das palavras as poesias, críticas, crônicas, contos e dissertações jamais imaginadas. Ele continuará tentando, mas, sinto dizer, raramente irá recapturar tudo e talvez a parte mais importante se perca no subconsciente. É por isso que ele transpira: vai tentar tratar o solo com as mãos e uma enxada, quando seria necessário um trator para fazê-lo a contento e em menos tempo.

Há também o medo com relação ao conteúdo da publicação. Como a sociedade reagirá? O que a crítica e os especialistas no tema dirão? E o pior dos temores: e se ninguém disser coisa alguma? Não opinar é ignorar e isso significa ser menos que nada, significa não ser digno sequer do benefício da dúvida, da chance de provar seu valor. O começo de cada escritor é diferente, mas normalmente é permeado por medo ou baixa autoestima – sobretudo se muito ouviu que não podia, não conseguiria ou não era bom o suficiente – além do receio de expor seus sentimento a todos, de tornar público o que é tão secreto. É exatamente nesse momento que acontece a decisão de ser ou não um escritor, disposto a se abrir, se esforçar, fazer o seu melhor e estar sujeito a ouvir críticas negativas e ser ridicularizado. Ou pior, não receber e não ouvir nada, como se seu tudo fosse pouco demais para um comentário ou algumas passadas de olhos sobre suas páginas.

Importa também descobrir se tem opiniões interessantes sobre determinados assuntos, ou mesmo escrever exatamente o quanto não se conhece e o quanto nada sabe do mundo, compartilhando a perplexidade frente a essas constatações. Não é necessário escrever sobre si, e muitas pessoas escrevem sobre algo de fora, não de dentro delas. Mas o autor estará sempre lá, afetando tudo o que escreve. É por isso que se chama ponto de vista, percebendo o que aquele local permite ver e o quanto ele influencia suas reações, sua alma e suas palavras.

Geralmente o autor amador não conhece ainda seu estilo. Não sabe ao menos quantos e quais há ou como reconhecê-los. Não conseguiria, na maioria das vezes, escolher um para si, se é que alguém tem essa opção. A ideia nesse momento é escrever tudo o que vier à mente sem censura, de forma organizada ou desordenada, levando junto um café ou chocolate, escolhendo um local e hora específicos ou, quem sabe, se jogando por todo lado horas a fio; enfim, fazendo o que for preciso para a criança nascer, por mais difícil que seja o parto.

Uma parte de mim quis ser atriz, outra quis ser cantora, arquiteta, psicóloga, empreendedora, estilista, roteirista, missionária, palestrante, jornalista, relações públicas, teóloga, oradora e professora, mas cada parte em mim quer ser escritora. Meu espírito e minha carne, a velha e a nova mulher, a alma e até mesmo o corpo. Tudo que sou quer escrever. E quem escreve, geralmente quer comunicar. Mas não há comunicação se alguém não receber. Leitores apaixonam-se – ou não – espontaneamente, como se fosse uma reação química inevitável. Cada mensagem tem seu próprio destino. Que os números marquem os cantos das páginas e a quantidade de capítulos, mas são as palavras que enchem as folhas da minha mente e da minha vida.

Meus amigos solteiros

Vejo um monte de gente sozinha e tenho vontade de pegar pela mão e ir juntando os casais para ver se dá certo. Às vezes penso que o companheiro está ao lado e sequer é percebido. Seria falta de gente interessante ou de coragem para puxar conversas? Sobra medo de se apaixonar e se decepcionar, fuga do amor e do casamento?

Alguns dirão que nesse novo mundo não há espaço para o amor, que os planos são outros e não há mais tempo para isso. Outros dirão que absolutamente não sentem falta e estar sozinho é pura opção. Alguém diz que gostaria, mas não encontra, tanto quanto há quem diga "solteiro sim, sozinho nunca", pois solteirice não é sinônimo de tristeza ou solidão.

Será que o relacionamento amoroso é item opcional ou de série? Quantos de nós realmente não precisam ou desejam isso, em absoluto? Percebo que muitos querem os prazeres, mas não o relacionamento. Querem pele, não mente e coração. Momentos, não uma história. Você pode ser só mais um na vida de muitos, ou o único na vida de alguém. Pode ter inúmeras experiências e depois voltar para casa sozinho ou ter alguém que volta para casa com você. Você pode ser conveniente enquanto estiver bonito, saudável, rico e poderoso; ou pode ser amado em qualquer circunstância e sem limite de validade.

Talvez alguns procurem a pessoa perfeita, embora eu não esteja certa de que isso realmente exista, mesmo porque é preciso definir o que é perfeição nesse sentido. Ou será que se busca um mínimo de requisitos que, considerados essenciais, não estão sendo atendidos, tais como vagas no mercado de trabalho não preenchidas por falta de gente qualificada?

O que entendo é que não somos iguais, nem todos desejam um par romântico e continuar solteiro pode ser, sim, uma escolha pessoal. Paralelamente, a sociedade atual parece ser um tipo de fábrica que precisaria fazer um recall para tentar corrigir milhões de unidades defeituosas lançadas e sujeitas a causar acidentes fatais em seus relacionamentos. O sistema que incentiva a falta de compromisso como estilo de vida e o divórcio como opção banalizada frente a qualquer crise assume o risco de produzir um espantoso número de pessoas experientes em sexo, mas virgens em amor.

Imagem e sensualidade

Não sei quantas vezes presenciei atitudes consideradas inadequadas sendo praticadas em locais públicos. Interessante que essas cenas trazem uma mensagem. As mesmas pessoas que fazem algo em um local não o fazem em outro. Em certos lugares há indivíduos aos quais se é indiferente. Eles podem testemunhar a maquiagem, os pés descalços ou a mordida num sanduiche enorme enquanto uma guerra é travada com o queijo que insiste em não se partir.

Em alguns momentos sentimos que podemos fazer o que quisermos. São momentos de liberdade e espontaneidade. Entretanto, a vida nem sempre é assim. A mesma pessoa que é algo aqui não o é ali. Que o é hoje não o é amanhã. Que o é com um não o é com outro. Nada de brigar com o queijo ou coisas do gênero; não aqui, não agora. Por que aqui não, lá sim? Por que com ele não, com ela sim? Queremos passar uma determinada imagem para um público específico e nos esforçamos para isso. Buscamos uma vantagem qualquer, um sentimento de aceitação. O grande equívoco é que o verdadeiro amor não impõe condições e pré-requisitos. Nada é tão natural e simples como o amor.

O que vestir, comer e falar para que o outro goste de nós é uma preocupação constante. Moda é exatamente fazer e usar o que todos estão fazendo e usando. Estilos e tendências são uma forma de dizer como você deve ser, o que deve querer, como gastar seu dinheiro e para quem. Não é fácil sustentar uma mentira por tanto tempo. É complicado interpretar tantas personagens.

O melhor de nós é nossa verdade vindo à tona no que naturalmente somos. O que temos a dizer não depende do que estamos vestindo. Quem te admira vai continuar assim caso te veja de salto alto ou rasteirinha, de bermuda ou de terno. A impressão que quero causar em um grupo não deve me manipular, senão o outro acaba sendo um tirano em mim tão somente porque busco aprovação. E por que tanta necessidade de aprovação? Por que tanto medo da rejeição? Por que o que o outro pensa sobre mim parece ser mais importante do que o que realmente sou ou quero ser? Não estou defendendo um descaso geral com nosso comportamento e postura. Estou defendendo uma imagem autêntica como objeto de desejo, consumo, meta e equilíbrio mental.

Não parece saudável que nossa autoestima dependa do que a mídia diz que é belo e bom. Agrada-me a ideia de encontrar minha estética independente dos ventos que vêm e vão, não esquecendo coisas que sempre deveriam estar em alta, tipo bom senso. Muitos lagos ou lagoas, rios e mares, são lindos de fora e de longe, mas ao chegar perto da água há mal cheiro, lixo e contaminação. Assim também são algumas pessoas. Cuidado com a beleza superficial. Não mergulhe, se possível nem molhe os pés nessas águas. É preciso ficar longe para permanecer são.

Gente é gente. Desde o pobre até o mais rico, passando pelos questionáveis conceitos de bonito e feio, analfabeto ou pós-doutor, com ou sem poder. Gente é sempre gente; todos tão absurdamente iguais, carentes das mesmas coisas, tropeçando nas mesmas pedras, fazendo-se as mesmas perguntas.

Fica linda e sexy aquela pessoa que não sabe que é. Quem sabe corre o risco de fazer charme, tipo, gênero e, pior, lançar um olhar supostamente sedutor totalmente sem propósito. Às vezes vejo gente que exala uma sensualidade tão sem lógica, descabida e pretenciosa que oscila entre o preocupante, o ridículo e o engraçado, a depender do caso. A verdadeira beleza é natural e distraída, jamais ensaiada ou convencida. A pessoa naturalmente sedutora precisa que alguém use fortes argumentos para convencê-la de seu "poder". E quanto menos ela sabe, quanto menos crê, mais encantadora é. Para muitos, por exemplo, uma pessoa educada e inteligente se torna automaticamente mais atraente.

Está tudo na cabeça, sabe? Tudo na mente. Ela diz se o dia está agradável e que gosto as coisas tem. Ela resolve o que vale a pena e cria uma visão sobre nós. Me peguei pensando por que os casais fecham os olhos enquanto se beijam. Deduzi que, instintivamente, sabem que é momento de sentir, não de olhar ou analisar. Para amar, a química e a sintonia - dentre vários outros aspectos - são mais importantes que a estética.

Confiança

Cheguei ao salão e, após contar meus desejos e expectativas, a cabeleireira perguntou:

- Você confia em mim?

Eu nunca a tinha visto, não tinha nenhuma referência, mas diante de tanta autoconfiança eu instintivamente disse:

- Confio.

Ela virou a cadeira de costas para o espelho e fez o que bem quis, e eu sequer tinha noção do que estava acontecendo em mim; só via tufos de cabelo caindo para todo lado. Até brinquei durante o processo:

- Se isso não é confiança eu não sei mais o que é.

Somente ao final ela me deu um espelho e eu pude ver o resultado. E não é que ela sabia o que estava fazendo? Gostei! Ah, se fôssemos assim com o Autor da Vida! Ele pergunta:

- Você confia em mim?

Eu já lutei muito com Deus. Questionei, esbravejei, quase blasfemei, até notar que Ele não estava brigando de volta; estava pacientemente me vendo fazer birra no chão do supermercado. Eu era um bebê que mal começara a engatinhar, achando que entendia de física quântica avançada e vomitando isso em minhas orações.

Porém minha carne não para de lutar contra o meu espírito. Quando ela vence, eu não faço o que ele quer. Quando ele vence, eu não faço o que ela quer. Sempre haverá uma parte de mim frustrada. Só me resta escolher qual e pagar o preço. Quem ama a Deus e a Ele é sensível, percebe quando O entristece e se arrepende, se envergonha, se constrange. Trata-se de uma relação não baseada em medo, mas em amor. Ainda que não houvesse céu para ir, nem inferno para fugir, a comunhão se manteria porque Ele é impressionante, apaixonante, amigo, santo, e Sua companhia faz a vida muito melhor. Mesmo sem vantagens humanas, recompensas ou milagres, ainda que nenhuma oração fosse respondida, Sua presença continuaria sendo o melhor lugar, não só para visitar, mas para permanecer, para morar.

Quando não é vontade de Deus eu fico no quase, por pouco, na trave, segundo lugar. Inúmeras vezes chego pertíssimo, mas não alcanço, não é meu. Mas quando Deus quer eu posso ser a última, esquecida, rejeitada e escondida e Ele chama, concede, faz até o improvável ou impossível. Essa dinâmica já aconteceu tantas vezes que eu seria louca se não reconhecesse o padrão. Basicamente, a vontade de Deus prevalece e controla a minha vida. E glórias a Ele por isso, porque mesmo quando me entristeço ou me revolto, sei que ela é boa, agradável e perfeita.

Quando a gente entende o que Deus sempre soube, que a raça humana é toda corrompida e falha, a gente começa a não se surpreender com os pecados alheios e os nossos, e passa a perdoar mais fácil a nós mesmos e aos outros. Mas só, e somente só, quando a gente compreende de verdade, do fundo do coração, que somos todos iguais e estamos juntos no mesmíssimo barco da natureza carnal humana.

Imagine nossa alma como um salão onde músicas ou outros sons são tocados. Quando encontramos pessoas, por vezes podemos ouvir o que ecoa naquele ser, e nem sempre é algo bom. Esse ruído, por vezes tão terrível, que incomoda só por respingar um pouco em nós, toma conta daquele espírito 24h por dia e o mantém cativo na escuridão e na dor. Há vários tipos de trevas no mundo, fora e dentro de nós. É muito fácil ser atraído e engolido por elas, difícil de sair e frequentemente comum voltar. Já a luz é algo a ser caçado como um tesouro, conquistado diariamente e mantido com muito esforço. Então tenha paciência com quem nem se dá conta de estar na escuridão, em conflitos exitenciais ou carente de confiança no Criador.

Enxergar

Quantas vezes procuramos um objeto que estava o tempo todo bem na nossa frente? Já vi gente procurando as chaves com elas nas mãos ou os óculos que estavam sobre a cabeça. E aquelas fases da vida em que a gente faz bobagem e somente meses ou anos depois se dá conta do quão tolos fomos? Então ficamos tentando entender como não enxergamos a verdade que se apresentava, gritante, diante de nós. Há também casos em que o amor está bem ao lado, mas parece invisível. Procura-se longe o que estava perto. Me parece que muitas coisas na vida guardam relação estreita com nossa saúde visual.

Precisamos enxergar bem para viver bem. Não me refiro aos olhos físicos, mas aos espirituais. Com os olhos "abertos" posso ver quando estou pecando ou me iludindo. Perceberei as oportunidades e as respostas que sempre estiveram lá ou reconhecerei quando chegarem. Também me darei conta de quem é quem na minha vida e de quem eu sou na vida dos outros e diante de Deus. Poderei discernir os tempos e as estações, lerei circunstâncias e sinais.

A Escritura mostra Eliseu enxergando, mas ao lado de alguém que não via a realidade ao seu redor. Para Eliseu era tão claro, tão explícito e inquestionável. Para o rapaz nada havia para ver. O profeta teve misericórdia e pediu a Deus que abrisse os olhos espirituais do moço, e ele viu. Ah, e como viu! Está tudo aí, você só não está vendo. Enxergar pode ser chocante ou glorioso, a depender da imagem revelada. Mas sempre será libertador, fonte de cura e de vida. Quem tiver coragem e estiver preparado, poderá pedir: "Senhor, abre meus olhos, antes que seja tarde demais". Ainda há muito de mim em mim. Tem muito entulho pessoal atrapalhando o processo e me fazendo perder um precioso tempo.

Nos piores momentos - quando coisas irritantes, provocantes, levianas, de mau gosto, tolas e sem sabedoria, mentirosas, humilhantes, malignas, demoradas, insistentes e repetitivas em sua crueldade, nauseantes e injustas acontecem – é justamente nesses casos que mais se pode e se deve mostrar o que é ser cristão.

Aquele que está cheio do Espírito Santo tem o poder de sentir, pensar, superar e agir diferente daquilo que é lugar comum para a maioria absoluta dos seres humanos. Não estou dizendo que é fácil e muito menos garantir que não vai doer. Apenas afirmo que essas coisas acontecem. E são milagres mais poderosos que a cura de doenças terminais, sobreviver a acidentes terríveis, andar sobre as águas e até mesmo ressuscitar mortos. Uma nova natureza humana, após escamas caídas dos olhos, é o mais impressionante dos milagres!

Quem sou

Colocado numa manjedoura, que por sua vez era o local de alimentação dos animais, desde o início Ele foi posto com pão para os famintos. Nasceu em meio à simplicidade, sem ostentação, numa família pobre e trabalhadora. Não se destacava em beleza, de forma que parecia um homem comum. A diferença estava em seu interior. Ele era especial quando abria a boca e impunha as mãos. Creio que do nascimento até os 30 anos - quando se mostrou ao mundo através de seu ministério - deve ter feito inúmeros milagres. Mas ele foi discreto, pois há tempo para todas as coisas debaixo do sol.

Chegou o dia em que muitos perceberam que a natureza inteira, das coisas visíveis às invisíveis, estava debaixo de suas ordens e seu poder. Ele era e é o Senhor de todo o universo, até mesmo e sobretudo das coisas que jamais imaginamos ter conhecimento. E ainda assim se submeteu a viver num corpo que sentia fome, sede, calor, frio, tentações, dor e lágrimas. Ele sentiu medo e suou sangue. Ele teve iniciativa, posto que disse que ninguém lhe estava tirando a vida, mas Ele mesmo a estava dando. Teve também "acabativa", visto que não desceu da cruz.

Se você não souber que sou de Cristo, não saberá o principal sobre mim. Ser dele perpassa tudo que penso, sinto e sou. Define minha cosmovisão da vida, do mundo e do que mais houver; influencia ou mesmo determina minhas escolhas e decisões. Então:

- Prazer. Eu sou Patrícia e, pela Graça, sou discípula de Jesus, filha e serva de Deus e templo do Espírito Santo.

Sim, eu admiro muito a ciência. Sim, eu estou cheia de perguntas sem respostas sobre questões teológicas e filosóficas habituais e novas que possam ser formuladas. Sim, muitos dos crentes de ontem e de hoje - nos quais me incluo - não tem sido o tipo de gente que dá vontade de estar perto e imitar. Sim, eu sei que parecerá que sou manipulada por muitas estratégias sentimentais de líderes interesseiros, sendo considerada massa de manobra, burra, iludida e infantil. Mas eu acredito é em Cristo, e não me envergonho de declarar isso diante dos homens. Sei que para alguém eu sou a única Bíblia que será lida e a única pregação que será ouvida, mas nem sempre dou um bom testemunho. Queria ser uma cristã melhor, para que a presença de Deus fosse inegavelmente percebida em mim. Então eu lembro de minhas falhas e lamento, desejando dizer às pessoas:

- Não se baseia em mim, não. Jesus é muito melhor que isso e está de fora desses erros que cometo.

Há um versículo que afirma que "serão conhecidos pelo amor". Pois é. Não tenho amado direito, não o suficiente. Ao longo da minha vida somente uma pessoa se entregou a Jesus após um convite meu. Eu via, em inúmeras ocasiões, as pessoas indo à frente, mas comigo não era assim. Fico triste quando lembro de uma amiga. Por gostar tanto dela, eu quis oferecer meu melhor: Cristo. Ela me disse, dentre outras coisas: "cada um no seu quadrado". Isso ainda ecoa em meu coração quando penso em falar d'Ele para alguém. Essa e outras situações foram se somando e eu fui me calando e racionalizando que silenciar é politicamente correto, calar é respeitoso, minha fé é extritamente uma coisa íntima e pessoal, dentre outras linhas de pensamento.

Então fica a reflexão: se pelo convite ou mensagem "não" e pelo testemunho sinto que "não", que discípula sou eu para meu Mestre? Felizmente a salvação é pela graça, não por merecimento. E aos amigos e conhecidos:

- Quando eu agir bem, foi graças a Deus. Quando eu agir mal, foi graças a mim.

Embutidos

Imagine um salame cuja receita você desconhece. Estão embutidos restos, partes do frango ou porco que ninguém ia querer comprar se pudesse ver. Feios, sujos, pouco nutritivos, candidatos ao lixo. A fábrica junta tudo, tritura, acrescenta muitos conservantes e corantes e, aí está o principal, mistura um tempero forte, picante, salgado e desenvolvido para te fazer querer repetir. Então você chega ao supermercado, vê uma embalagem bonita, com uma foto de sugestão de consumo, um preço bom e pensa: por que não? Leva para a sua casa, sua mesa, sua família, sua vida. Fecha os olhos para a origem e os resultados e foca apenas no momento, no sabor.

Assim é o pecado. Deus é como o fiscal da vigilância sanitária te avisando que aquilo é sinônimo de morte; o adversário é como o dono da fábrica, com todos os segredos da fórmula do engano; nós somos os consumidores e a vida são as prateleiras do supermercado. A escolha é só nossa.

Hortelã é o chá preferido aqui em casa; procuramos não deixar faltar. Recentemente me dei conta do quão caro ele é se você observar o valor do quilo. Na verdade, a gente paga pouco, mas recebe bem pouco também. Porém os sachês rendem xícaras inteiras. No final das contas, por serem doses homeopáticas de peso e preço, tudo passa batido, suavemente. O que eu percebi foi que a corrupção de nossas consciências também se dá assim. Começa com uma pequena porção, custando aparentemente pouco. O gosto é bom e queremos mais, afinal, tudo foi tão simples e sutil. O mundo não caiu, nem nada, mas vez após vez, o efeito vai sendo feito. No final, pagamos um alto preço, e quando percebermos pode ser tarde demais.

Cinza

Ela usava um cinza, dia após dia. Um cinza insistente como sua depressão particular. Não conseguia um verde, quiçá um azul; jamais um amarelo. Cinza era seu dia, sua alma, sua vida. Conhecia diferentes formas de ser sombria e melancólica.

Geralmente brancas no imaginário popular, as ovelhas - em tese - estranhariam aquela que contrariasse o padrão do grupo. Assim, cresci ouvindo que ovelha negra era o termo usado para o indivíduo estranho e repelido. Era chamada assim a ovelha que tinha um comportamento mal, ruim, perverso ou de qualquer outra forma, negativo.

Mais leve que isso, pode-se encontrar em todos os meios a ovelha cinza. Se dissermos que o dia ou o humor estão cinzas isso não é bom. Este tipo passa por situações semelhantes às da ovelha negra, mas não causa reações como medo, por exemplo, porque ela não é considerada má, apenas diferente.

O que a faz assim? Há várias razões. Ela pode ser pobre no meio de ricos, rica no meio de pobres, brega no meio de chiques, chique no meio de bregas. Pode ser santa no meio de pecadores ou pecadora no meio de santos. Talvez seja fraca no meio de fortes ou forte no meio de fracos. Entretanto, a campeã do tingimento cinza na vida de uma ovelhinha é a chatice.

Chato que se preze – cinza autêntico – não sabe que é chato. Acha que é o máximo, pessoa super interessante, que tem um ótimo papo e "causos" hilários. Chato genuíno não se toca, não se enxerga, é espaçoso, espalhado, invasivo, tem sempre razão e se ama. Aos poucos as pessoas vão se afastando, porque o chato fala demais, quer estar em todas e pede tudo o que os outros estão comendo - chatos em sua maioria têm muito apetite, você não consegue lanchar perto deles em paz - pedem brindes em todo lugar e tentam impor suas opiniões a todos.

Quando alguém é considerado cinza, tudo o que faz é visto através de lentes cinza. Até o tom de voz é cinza. Fala coisas cinzas insuportáveis. É presença indesejável, e todos começam a evitá-lo. Ninguém convida para as reuniões, mas ele chega assim mesmo. Quando alguém o convida, porque sabe que ele vai querer ir, é olhado com raiva pelos demais. É aquela pessoa que os outros fazem careta e pedem para não passar o telefone,

dizer que não está. A pessoa cinza recebe sorrisos falsos, presentes força-
dos e frases de "que saudade" absolutamente artificiais.

Ser cinza é saber que o grupo saiu escondido para você não saber. O
cinza não recebe visitas, só desculpas esfarrapadas. Ele falta e ninguém
pergunta por que, morre e ninguém vai para o enterro. Pessoas cinza estão
sozinhas no universo e nem sabem. Ou pior, muito pior, às vezes sabem.
Sabem e fingem que não sabem, porque seria muita humilhação e doe-
ria muito admitir. Tentam se impor mesmo assim, como uma forma de
vencer o mundo, de punir com sua presença quem não lhe quer, de fazer
aquele grupo lhe engolir.

Grande parte das vezes, o cinza o é por ser ou parecer fraco, frágil, sub-
misso. Acontece muito em escolas e no trabalho, mas também em casa, na
família. O coleguinha cinza é humilhado, o profissional cinza é maltratado
e o filho cinza é desprezado. Às vezes, o companheiro é cinza por estar
desempregado, e seu cônjuge só o põe em direção ao fundo do poço. Há
parceiros que se aproveitam da fragilidade do outro e o fazem cinza, de-
monstrando que os demais são, aos seus olhos, melhores e mais coloridos
em vários aspectos.

Quem machuca o cinza faz com que todos se afastem da vítima, por
vezes mentindo, sempre manipulando, na intenção de aniquilá-la social e
psicologicamente. A pessoa cinza resiste enquanto pode, mas geralmente
chega um momento em que desenvolve alguma patologia ou desequilí-
brio: chora sem controle, perde autoestima, cai em depressão, surta numa
crise de nervos, desenvolve síndrome do pânico, tem a pressão arterial
elevada e perde o sono. Alguns começam ou voltam a beber ou fumar.
Outros se suicidam.

Muitos cinzas não o são por serem chatos ou fracos, entretanto. Às vezes é exatamente o contrário: são legais demais. São realmente o máximo,
são fantásticos! E como os outros não o são, como são brancos demais,
pálidos demais, sem graça demais, iguais demais, monótonos ao extremo,
repelem o cinza. No cinza há glamour, charme, diferença. O cinza é original, inteligente, criativo, bonito e nunca sai de moda. Que raiva o rebanho
tem dele! Que ódio! Quem ele pensa que é?

O cinza muitas vezes é o especial do pedaço, e em meio aos medíocres,
o que é especial se destaca e por vezes incomoda. Faz os outros se senti-
rem inferiores. Lembra aos outros que é possível ser mais e melhor. Que
é possível ser único. Se o outro conseguiu e o resto do grupo não, alguma

lei deve ter sido quebrada - possivelmente a do comodismo - e por isso o grupo providencia uma seleção natural às avessas: ao invés do melhor sobreviver, é eliminado como uma ameaça à espécie.

Por vezes o cinza é o mais competente. Você é bom nisso? Você é um gênio? Você vai ser morto socialmente. É a raiz de muitos casos de assédio no trabalho e na escola, para adultos, adolescentes e crianças. Começa então uma rede de intrigas, com fofocas, mentiras, acusações, piadinhas maldosas, ameaças e às vezes agressões físicas. Geralmente, afiadas como espadas de dois gumes, agressões verbais, morais e isolamento fatal.

Todo mundo, algum dia, deve ter sido cinza. Provavelmente não o foi em todos os ambientes que frequenta - a não ser que seja cinza de nascença, invariável e incorrigivelmente -, mas em algum momento, por algum tempo, sim. Sabendo ou não, querendo ou não, por chatice crônica, eventual ou por competência - alguns gostam desse tom de cinza, adoram causar inveja -, todo mundo está sujeito.

Nem sempre estamos do lado afetado; às vezes somos os afetadores. Ou seja, a maioria de nós simplesmente não consegue evitar: gosta até sem querer de alguém e não gosta nem à força de outrem. O fato é que ninguém, em princípio, é chato porque quer, e o indivíduo pode encontrar o caminho que o levará a ser visto como uma presença desejável.

Jesus, por exemplo, foi cinza. Completamente. Postura e propostas diferentes, revolucionárias. Nada de Messias rico, nada de violência, um tal de amar o inimigo, quebrar o comércio no templo, fazer coisas diferentes no sábado, negar-se a si mesmo e realizar inúmeros milagres. E o povo achando cinza, seja por ser bom demais, por isso ameaçador, ou cinza para ruim, porque tido como criador de seita e desobediente à Lei. Bem, nem sempre dá para evitar a cor que naturalmente temos e somos. Se você está na luz, você e sua cor serão vistos por todos. Não se torne branco só para não parar numa cruz. Algumas coisas valem a pena nessa vida.

Tudo pecado

Tudo pecado. E a lista é imensa. A famosa culpa judaico-cristã se entranhou na minha vida, cheia de legalismo. A menina cresceu e descobriu muitas coisas sobre pecado e sobre o estrago que o legalismo e a culpa podem causar. Nunca conseguiu se soltar, vibrar, gargalhar. Tende a pedir desculpas o tempo todo e se sente em débito, em falta, aquém diante da vida.

Ah, se as gerações soubessem realmente onde mora o pecado, e como tropeçamos em pedregulhos enquanto estamos sendo esmagados por uma grande pedra! Um dia a menina descobriu a verdadeira natureza de Deus e teve de tentar consertar muitos danos que, certamente de forma involuntária, lhes foram causados.

Minha justiça não passa de trapo sujo. Lembro-me de quando, orando, me irritei com um menino que me interrompeu para pedir esmolas. Por fora, disfarcei, mas por dentro quis reclamar que ele atrapalhou minhas preces devido às suas necessidades. Onde estava minha piedade? Melhor seria amar sem orar, que tanto orar sem amar. O pecado sempre é exposto quando submetido às leis do amor, uma vez que Deus é amor.

Ricos ou pobres, doentes e sãos, punidos ou ocultos que seguem forjando uma falsa reputação positiva, feios ou bonitos, cheirosos, bem vestidos, com pós-graduação e fotos perfeitas, todos somos capazes de infringir a lei. Só que alguns, quando o fazem, nos surpreendem, porque pensamos que eles não tinham motivo, não precisavam disso pois a vida lhes foi gentil. O fato é que somos todos pecadores, capazes de sentir deleite no delito. Se não for a redenção de Cristo, nossa natureza continuará tal qual um trapo de imundície. O meio nos segura ou nos empurra, mas nossa iniquidade é definitivamente congênita.

Identidade e equilíbrio

A gente leva décadas para descobrir a própria identidade, o que quer ser, ter e realizar, o que pensa e o que sente de verdade sobre cada assunto, não depender mais do outro para se reconhecer, saber o que enxerga no espelho e quando fecha os olhos, conseguir lembrar das oportunidades aproveitadas ou perdidas, das decisões tomadas, de cada escolha feita.

Finalmente algumas coisas fazem sentido. Identificamos um pouco de satisfação pelas superações e uma porção de arrependimentos e vergonha pelos erros e mal entendidos, os quais às vezes parece tarde para tentar explicar. Sem ilusões, não mentimos mais para nós mesmos. Quantas tentativas! Quantas esperanças! Quantas emoções envolvidas! E quando não há mais sonhos ou metas, quando o cansaço e a apatia tomam conta da alma, ainda sobra a nossa essência.

Um professor sem aluno, um pintor sem admirador, um médico sem pacientes, um líder sem uma equipe, um escritor sem leitores, um cantor sem plateia, um pai sem filho, um fotógrafo sem câmera, um viajante preso numa ilha, um hóspede para o qual as portas não se abrem. O exterior nega veementemente, mas o interior sabe. E em silêncio, sem testemunhas, o cantor ainda tem aquela voz, o fotógrafo aquele olhar, o pintor aquela luz e sombra, aquelas cores e texturas. Tudo está lá, vivo, rico, pujante, retido, trancado. No final da história, após as dores do processo, alguém pode perguntar como foi. E a resposta nasce de parto natural, sem anestesia: deu certo, me achei.

Talvez a maioria de nós esteja sempre buscando no outro a validação de quem somos, do que sentimos, pensamos, dizemos ou fazemos. Esperamos um elogio, um presente, um reconhecimento, um carinho. Quando dizemos "acho que não consigo", "não sou", "não mereço", esperamos ouvir "você consegue", "você é", "você merece". Muitas vezes pode parecer mentira ou exagero, mas uma parte nossa quer ouvir mesmo assim. Essa é uma das maiores fontes de frustração, quando olhamos para o lado e não vemos ninguém, ou quando ouvimos e recebemos o inverso do que nosso ego necessita; sentimo-nos desprezados, diminuídos pelo outro ou pela vida. Quando percebemos que não fazemos falta, e que nossa história não parece ser respeitada ou valorizada; quando as pessoas às quais nos dedicamos nos esquecem, e até mesmo a autovalidação some, é hora da validação sobrenatural de Deus, de ouvir e crer no que ele diz sobre nós.

Aprenda a viver livre da ideia de que o outro vai te dar o que você precisa ou te fazer feliz. Não se trata de amargura ou desconsolo, trata-se de maturidade emocional. Liberte o outro do peso das suas expectativas - mesmo porque ele não necessariamente conseguirá atendê-las - e preserve-se da dor da frustração. Longe da condescendência de colocar panos quentes sobre seus erros, mas, ciente deles e em busca do crescimento pessoal, dê a si mesmo o que precisa. Focando no que tem de bom, elogie-se, parabenize-se, leve-se para passear, compre flores para si mesmo e recompense-se.

Posso esperar que me deem o que quero, mas nem sempre saberão o que é importante para mim. Hoje eu quis uns mimos, mas não os tive. Esperei que as pessoas soubessem o que fazer, mas não souberam. Eu talvez saiba. Basicamente, proponho um equilíbrio: quando focar muito no outro, lembre-se de si; quando começar a pensar só em si, lembre-se do outro. O eu e o próximo, o material e o espiritual, o ter e o ser, a eternidade e o agora; todos os elementos em busca de perfeita harmonia.

As cores que me faltam

Na infância, meus olhos brilhavam por certas coleções de brinquedos. As cores eram umas mais belas que as outras e eu desejei roupas e cabelos coloridos, sobretudo batinhas e vestidos indianos. Não demorou muito para que eu percebesse que o mundo levava mais a sério quem usava roupas monocromáticas e escuras, sobretudo no ambiente empresarial. Por quê? Não me faça pergunta difícil. E os cabelos? Descobri logo cedo que, no máximo, a sociedade toleraria tons de loiro ou ruivo, talvez por entender que soam verdadeiros ou naturais. E a menina cheia de cores apagou suas luzes, escondeu-se embaixo de produtos que não lhe representam, cabelos aceitáveis e comportamentos aprovados. Não, eu não queria transgredir ou ser rebelde. Não pretendia cometer nenhum crime, pecado ou ofender quem quer que seja. Mas essas e outras expressões da minha individualidade foram suprimidas pela identidade do grupo cultural no qual estou ou estava inserida. Em respeito, por sobrevivência e buscando aceitação, cedi. Ainda hoje, entretanto, me encanto ao ver em fotos antigas o que não encontro nas minhas gavetas, enquanto visto minha blusa preta com jeans.

Estava pensando, lembrando dessa colega. Éramos adolescentes, e ela usava sandálias vermelhas de plástico. Quando ela passava, chamava a atenção de todos para seus pés e eu sempre pensava na sua coragem de enfrentar os olhares e críticas e usar algo diferente, seguindo seu próprio estilo, sendo quem era. Eu não tinha isso, faltava-me esse tanto de personalidade. Então, para mim, não eram apenas sandálias vermelhas, era autoestima pura e destilada. Isso me lembra do dia em que, décadas depois, provei um vestido que teve o mérito de me fazer sentir bonita, o que sempre foi raro. Então eu realmente queria aquele pedaço de pano lindamente modelado, mas achei muito caro e optei por um mais barato, que não me fez sentir nem de perto algo especial. Me dei conta de que, no fundo, eu não achei que merecia, porque eu me sentia barata e não via como gastar tanto comigo.

Não consegui usar as sandálias e nem me permiti comprar o vestido, e isso fala mais de mim do que eu imaginava. Todos precisamos nutrir amor próprio e isso independe da opinião dos outros. "Porque eu gostei". Para todas as coisas que não ferem as leis de Deus e dos homens, isso deveria ser suficiente. Ou não?

Castigo

Já havia ensinado muitas e muitas vezes aqueles valores a ele. Mas fez de novo. E aí, com amor, eu disse:

- Filho, eu já conversei tanto com você sobre isso... Vou precisar deixar você de castigo por 30 minutos pensando a respeito, ok? Fique aqui.

E chorou, reclamou, esperneou e depois disse:

- Mas eu não sei o tempo! - não sabia ler as horas ainda.

Respondi:

- Mas eu sei, e quando for a hora te tiro do castigo.

Ele saiu do lugar e eu tive de dizer:

- Volte para onde te deixei.

Continuou fazendo cena durante todo o tempo. Faltavam poucos minutos e ele só fazendo barulho. Apelei:

- Filho, só faltavam poucos minutos e você, durante todo o tempo, não se comportou. Mamãe vai deixar você mais 10 minutos pensando sobre tudo isso, e dessa vez eu quero silêncio, ok?

Por fim, aquietou-se e chegou a hora de terminar o castigo. E eu tenho autoridade para colocar e para tirar. Quero que ele se torne um grande homem, e amo-o demais para ver alguns comportamentos sem agir. Isso tudo me lembra alguém que tem autoridade sobre mim, o mesmo amor e métodos bem parecidos.

"Eu corrijo a todos quantos amo", diz o Eterno.

Boné

Hoje eu vi um senhor usando um boné velho e, prendendo o velcro atrás, um pegador de roupa rosa. Nunca havia visto aquilo e fiquei olhando enquanto pensava várias coisas. No mundo de hoje muitas pessoas fazem quase tudo pela boa aparência, nem que para isso seja preciso mentir, omitir, fingir, disfarçar e enganar.

Aquele homem precisava de um boné, não sei se para proteger do sol, por costume ou só por gostar mesmo; se sentir bem, sabe? Então havia um problema, que foi resolvido com aquele pequeno objeto rosa, num homem que provavelmente foi criado ouvindo que homens "de verdade" não usam essa cor. Um item considerado por muitos como sendo feminino, afinal até bem pouco tempo ao se pensar em alguém lavando e estendendo roupas a imagem que vinha à mente era de uma mulher usando um avental. Não houve vaidade, preconceito ou preocupação com a reputação dele naquele momento. Bem, se houve, foram vencidos. Imaginei seus possíveis pensamentos, que na verdade eram os meus:

- É só um boné. Meu preferido. E eu vou sair com ele e seu novo acessório, não importa o que os outros vão pensar. Não estou fazendo mal a ninguém, também não devo satisfações. Sou um adulto vivendo a própria vida, às 7h de uma manhã qualquer.

Às vezes a gente complica demais as coisas. Talvez a vida possa ser mais simples. Não devíamos gastar uma existência inteira preocupados com o que os outros vão pensar. Cada um já tem sua própria vida para cuidar e, em tese, se estiver fazendo um bom trabalho, não vai sobrar tempo para assuntos alheios. Eu, pelo menos, mal consigo cuidar da minha. Salvo algumas exceções, não parece justo que antes de decidir ou escolher algo eu me pegue imaginando o que as pessoas vão dizer ou como vão reagir. Para a liberdade foi que Cristo nos libertou.

Moço ingênuo

Então ela pensa, não mais que de repente:

- Faz tanto tempo... Eu não sei mais fazer isso.

- Aí é que está. Quem disse que foi você? Era Deus em você, através de você.

Inconformada, retruca:

- Acabou. O poço secou. De onde vinha não tem mais nada. Vazio. Silêncio. Pânico. Uma criança assustada, com medo do bicho papão, do velho do saco ou do que quer que as crianças de hoje em dia temam.

- De onde estou a visão é outra. Uma semente escondida na terra. Sensível a qualquer adubo ou gotas de água lançadas, pronta para brotar. Primeiro pequenas folhas, tímidas, aparentemente frágeis. Quando menos esperar, apenas algumas primaveras depois, é tão linda e imponente a árvore que se dará! Caudalosa, vasta copa, mui alta e provedora de sombra e frutos.

- Você enxerga as coisas de um jeito bonito, moço. Ingênuo, até.

- Discordo. Eu apenas vejo de cima, de andares elevados. Meu alcance é muito maior que o seu e tenho informações privilegiadas. Sinceramente, acho que devia confiar em mim. O que o olho não viu, o ouvido não ouviu e nunca chegou ao coração de ser humano algum, é o que tenho preparado para você.

Idolatria de ideias

Eu me lembro que na gestação do meu filho entrei para um grupo de mães e pais de crianças nascidas com o pé torto e tratadas por um método específico. Lá trocávamos experiências, tirávamos dúvidas, consolávamos e fortalecíamos uns aos outros.

Tudo ia muito bem, até que um dia fiz uma pergunta comparando aquele tratamento com o tradicional. As reações me assustaram. Fui repudiada por tocar no assunto. Pensei ser coisa da minha cabeça e, tempos depois, por umas duas vezes mais, tentei entender junto ao grupo questões da abordagem clássica. Novamente fui criticada. Se eu estava tão interessada no outro método por que ainda permanecia ali? - me perguntaram. Tentei explicar que eram simples questionamentos, mas percebi no grupo um comportamento de seita (no pior sentido da palavra), de adoração a uma ideia de tal forma que qualquer visão crítica ou contrária merecia paus e pedras. Não era permitido pensar diferente. Naquele ambiente só eram respeitados, aceitos e amados os que pensavam igual. Considerar possibilidades opostas merecia o exílio.

Eu vi esse padrão em um grupo que acredita cegamente em um determinado tratamento ortopédico. Imagine em outros agrupamentos, cuja união se dá em torno de filosofias políticas, religiosas e sociais.

Quão importante é estudar todos os lados de uma questão, ouvir e respeitar os que discordam de nós, não permitindo que ideias fixas se tornem deuses aos quais devemos adorar para sempre, sem chance de revisitar nossas crenças e amadurecer nossas convicções. Ainda que permaneçamos os mesmos ao longo de toda a nossa vida, firmemente arraigados aos mesmos discursos, que isso não nos impeça de conviver em paz com quem pensa diferente.

"Não se porta com indecência" é diferente de "não se importa com decência", mas hoje vi essa tradução equivocada de I Coríntios 13. Entretanto só pude identificar a falha porque conheço o texto original e correto. Assim é na vida. A consciência de um polo nos fará distinguir do outro. Saber o certo nos ajuda a reconhecer o errado. Como consta nas Escrituras, o povo sofre porque lhe falta conhecimento.

Leia, assista e ouça pessoas que pensam diferente de você. Talvez você mude ou aperfeiçoe suas ideias. Talvez as reforce e você se torne ainda mais convicto. No mínimo, você ganhará mais conhecimento, embasamento e argumentos independente da direção que escolha seguir, lembrando que inteligência, propriedade de fala e respeito são importantes em qualquer situação, lado ou opinião.

Egoísmo por medo

A empatia pode doer, espremendo as entranhas em íntima compaixão, tanto quanto a impotência corrói a alma do altruísta. Quanto mais me revolto mais me afasto de Deus e de Sua forma de amar, e daí não encontro mais em mim caridade ou piedade, nenhuma visão de sentido em missões e nenhum clamor pelas almas. Deixo de me importar e o que ganha espaço são antipatia, impaciência e desconforto. Mais que isso, indiferença. Somente uma vontade de que me deixem em paz, porque aos meus olhos são profundamente irritantes. Eu quero voltar, mas tenho medo, porque nesse caso amar é sofrer, e o egoísmo nos protege. Acontece que, quando o amor é nossa identidade, negá-lo é negar a nós mesmos e a um pacote de bens que podemos fazer se estivermos dispostos a tudo que vai fazer doer.

Interpretação

Creme de avelã, doce de leite, leite condensado, tortas, bombons... Não podemos viver só de mensagens doces. Alguns textos são azedos, cítricos ou amargos, mas podem ser exatamente o que estamos precisando.

Num quadro estava escrito:

A men

Uma pessoa viu e pensou que alguém tinha escrito "amém" errado. Outro leu em inglês e se remeteu a homens, embora também identificasse incorreção. A terceira deduziu ser o início de uma frase, tipo "a menina..." e a última imaginou ser algo sobre "a mentira", porém quem escreveu nunca apareceu para explicar. Cada mente trouxe à tona uma interpretação de acordo com sua vivência, humor, conhecimentos e ponto de vista. Então até hoje permanece a questão: quem estava certo?

Escrever e falar são atitudes - sobretudo nos tempos atuais - muito arriscadas e corajosas. Você se expõe, se revela, e o outro pode não gostar do que vê ou, por vezes, do que acha que viu. Entre a intenção de dizer algo e a mensagem que o outro entende pode haver longa distância e quanto maior essa discrepância, maiores os potenciais estragos. O indivíduo que divulga um texto pode estar sendo movido por amor e ser interpretado como tomado pelo ódio. Pode estar se referindo a si mesmo ou num aspecto geral e ser lido como indireta ou ofensa. Esse jogo está ficando cada dia mais perigoso, praticamente coisa para profissional.

Há quem exagere para um lado e para o outro. Gente que não se importa mais e gente que se fecha, se cala. É preciso responsabilidade de quem lança e boa interpretação de texto de quem recebe. Nada disso é fácil. Comunicar-se é uma arte cada vez mais refinada.

Queda d'água

Hoje recebi mais uma demonstração de amor. Não precisei me explicar, nem pedir desculpas. O amor simplesmente se derramou. Assim, gratuito, generoso, abundante.

Se você pensar na história do filho pródigo, verá que o texto não diz que o pai puxou o rapaz, jogou-o numa cadeira e lhe encheu de questionamentos, dedos apontados, remoendo o passado em meio a gritos de xingamento, decepção e repetições de "eu avisei". O garoto já sabia o quanto tinha errado; a vida o ensinara com muitas aulas práticas e o amor já deduzira que isso não faria diferença naquele contexto. Fosse como fosse ele só queria abraçá-lo longamente, muito provavelmente com risos misturados a choro, e comemorar por ter de volta a pessoa amada.

É incrível quando a gente sabe que não merece e o amor nos encharca de tal forma, como se estivéssemos debaixo de uma forte queda d'água. Eu não estou nesse nível ainda. Mas hoje, a frase que surgiu e carimbou a minha mente foi: o amor não faz perguntas. Isso faz sentido para você? Me ocorre o que Jesus diria diante de tanto discurso de ódio vindo de cristãos... "Vocês não sabem de que espécie de espírito são?"

Nossa função não é condenar ou destruir. Nossa missão é salvar. Se não é isso o que preenche nosso coração, melhor checar que espírito está lá dentro.

Você quer saber?

O que seria de nós se Deus nos revelasse o futuro?

Se ele nos dissesse só coisas boas, como reagiríamos? Provavelmente pararíamos de nos esforçar, por saber que já estava previsto nosso sucesso. Perderíamos o mérito e o aprendizado da perseverança de buscar nossos sonhos.

Se nos fosse revelado só o que é ruim, possivelmente cairíamos em tristezas, sabendo que agora temos o que um dia seria tirado de nós; ou o que não temos e nunca nos seria concedido. Perderíamos dias que poderiam ter sido vividos plenamente, se soubéssemos que o dia seguinte seria trágico. Anteciparíamos as dores e aumentaríamos, assim, as tragédias da vida e suas consequências. Não iríamos usufruir da alegria que a esperança traz, se soubéssemos que em determinado assunto essa esperança era um fim em si mesma e que, ao final, não traria à luz a tão esperada vitória.

Como seria desafiador, também, saber ao mesmo tempo o mal e o bem, as coisas boas e as ruins. Para onde iria o gostinho da expectativa? Qual a graça se você já soubesse de tudo? Mesmo os resultados positivos perdem muito da beleza se não tiverem o efeito surpresa. Pense no primeiro beijo. Seria melhor saber antes como tudo iria acontecer? E conhecer o rostinho do seu filho? Esperar por meses só torna esse momento ainda mais especial. A razão de não saber o desenrolar de nossa vida é a mesma de pedir a um amigo para não nos contar sobre o filme. A gente mesmo quer ver e sentir as emoções, vivenciando-as uma a uma com toda a adrenalina e paixão. O bom é descobrir na hora, senão não tem graça, não é mesmo? Qual o mistério de uma história que já nos contaram? Porém alguns insistem em desejar saber, desconsiderando que o futuro tem tempo e espaço certos para se realizar.

Quando Deus não nos conta o final do nosso filme está dando provas de sua amizade. Ele não quer que percamos o interesse por nossa vida, nem que paremos de lutar e muito menos que caiamos em lamentos ou melancolia. Às vezes ele revela algumas cenas, mas geralmente não entra em detalhes. Ele deixa a gente ir descobrindo e saboreando. Assim, não sofremos por antecipação por algo que Ele, em sua onisciência, já sabe que vai nos acontecer. Mas também temos renovada esperança, a cada manhã, pelas surpresas boas que Ele enviará para as nossas vidas. Daremos nosso máximo, fazendo a nossa parte pra que tudo dê certo, justamente por não termos controle sobre esse tudo. Exatamente porque a vida nos é apresentada como uma folha em branco, temos mais ânimo para escrever cada linha.

Que incentivo à vida é não saber o dia de amanhã! Que estratégico não sabermos o dia de nossa morte, por exemplo. Move-nos a fazer mais com nosso tempo, ou pelo menos deveria ser assim. Também ignorar o dia da morte do outro nos motiva a amá-lo intensamente, já que não sabemos quando será tirado de nós. Não saber, enfim, tem muitas vantagens, como nos levar a orar mais, nos consagrar mais e semear bem para colher bem.

Assim como nos atrai mais viajar para um destino novo, desconhecido, ficando num hotel diferente, frequentando outros restaurantes e experimentando receitas novas; assim como é bom fazer novos amigos, mudar de casa, escola ou trabalho; tal qual a doce sensação de receber um presente em uma caixa que parece pedir para que seu laço seja desfeito e ela aberta; assim é a nossa vida não contada.

É esse prazer do novo, de redigir uma história ainda incerta, de sair da rotina, de se surpreender, que Deus quer para nós, para o conto ligeiro de nossa existência, essa erva que hoje está aqui e amanhã será jogada fora.

Melhor que conhecer o futuro é confiar no Deus que cruza os tempos de eternidade a eternidade, e viver o presente da melhor maneira possível.

E se Ele não me enviar profecias, saberei viver sem elas. Que as revelações, se vierem, venham somente por iniciativa de Deus e não as busquemos de outras fontes. E que cada profecia pessoal seja recebida com a sabedoria de ser acolhida dentro da Profecia maior, que é a Palavra de Deus, lembrando que Deus revela o futuro quando quer e por motivos bem específicos.

Abordagens

Estava pensando em quantas vezes somos abordados, diariamente, por pessoas pedindo esmolas, comida, remédio para a filha asmática, passagem de volta para uma cidade do interior ou tentando vender três jujubas, uma escova de dentes ou um porta documentos por R$ 2,00. Depois de 5 vendedores em sequência por cada ônibus, 2 vezes por dia, todos os dias da semana; após encontrar os pedintes sentados pelas calçadas, nas entradas das lanchonetes e nas saídas das lojas e bancos, inclusive de ser abordados dentro de shoppings e restaurantes, talvez a gente comece a se sentir incomodado.

Ocorre também que você vá ajudar e não seja bem recebido, ou oferte algo e seja desprezado, xingado ou jogado fora, quando geralmente se espera uma atitude de gratidão. Há também as mentiras, muitas bem elaboradas, tantas já desmascaradas e das quais tomamos conhecimento. Existe quem use o suado dinheirinho de seus apoiadores para comprar drogas e não para o leite das crianças.

No meio disso tudo, como diz a Bíblia, "por se aumentar a iniquidade, o amor de muitos se esfriará". Tendemos a não confiar mais em ninguém, a nos sentirmos saturados e sufocados e, nesse meio tempo, o justo paga pelo pecador, porque nem sempre teremos como distinguir quem fala a verdade de quem não o faz.

Mas tem coisas que dá para saber. É fácil deduzir que quem está vendendo está trabalhando, e não roubando ou assistindo sessão da tarde. Quem usa os recursos para adquirir drogas é um viciado, o que há tempos alterou sua percepção de prioridades e seu equilíbrio mental. Quem pede dinheiro, sob qualquer pretexto, contando uma história real ou uma estória qualquer, em quase todos os casos, imagino, está em condições de existência inferiores à nossa, sem qualidade de vida, sem dignidade.

Não estou estimulando ou apoiando, por exemplo, quem "aluga" um bebê para sair pedindo nas ruas. Não me sinto apta a fazer profundas análises sociais, nem a julgar apressadamente o rapaz que parece forte e saudável, perguntando porque não está trabalhando como pedreiro ou capinando nos jardins dos ricos. Estou só dizendo que é bem mais fácil estar do lado de cá - dos abordados e incomodados - do que de lá, dos que alçam a voz ou estendem as mãos. Não é à toa que a mesma Bíblia diz que mais bem-aventurada coisa é dar do que receber. Você é abençoado desde antes, por não estar pedindo. Então você é reconhecido como alguém que tem, ou seja, algum nível de prosperidade foi reconhecido em você. Em seguida, você é sortudo quando dá, porque quer o homem jogue fora, resmungue ou agradeça, você fez sua parte.

Cornélio foi um contemporâneo de Cristo que teve o testemunho de um anjo dizendo que suas ofertas eram vistas e aprovadas lá no céu. Não houve menção à índole de quem recebeu. O céu enxergou a generosidade e a caridade daquele homem, e suponho que ele fazia o bem sem pensar em recompensas. Entretanto ninguém sabe retribuir como Deus, e Ele disse que quem fizer o bem, a Ele o faz.

Se a nossa sociedade estivesse curada de suas mazelas, se houvesse um melhor cuidado humano e uma gestão mais eficiente dos recursos, penso que não haveria tantos nessa condição de pobreza e miséria, e as abordagens entre nós teriam uma natureza diferente, de serviço através de dons espirituais e não mendicância de bens materiais de subsistência.

Do que preciso

Eu preciso de um cristianismo com menos discurso e mais ação. Preciso de menos templo e mais rua. Preciso estar menos com meus irmãos e mais com quem pensa e crê diferente, ou mesmo não crê. Porque não se acende uma luz e se põe debaixo da mesa. Nem faz muita diferença a não ser que seja levada para um ambiente com o objetivo de dissipar alguma eventual escuridão.

Muitas vezes é temendo e tremendo mesmo que a gente faz a vontade e a obra de Deus. Olhando para cada escolha, decisão e atividade que compromete as horas do meu dia, os dias da minha semana, os meses do meu ano; olhando quem fui, quem sou e quem gostaria de ser e analisando os motivos por trás de cada coisa, pequena ou grande. Quando a gente para de fugir da reflexão e de mentir para nós mesmos, a verdade vem à tona e nos choca. Então é preciso saber o que fazer com o que tem sido revelado e, mais que saber, é necessário agir.

A gente sente como Paulo, que dentre os pecadores somos os piores, mas a gente não desiste desse pior pecador. Nossa inteligência fica humilhada, nosso orgulho se quebra, a gente desiste das respostas, desiste até mesmo das perguntas. A gente desiste das vaidades, do egoísmo e de nós mesmos, mas não desiste d'Ele.

Nossa natureza não ajuda, ela tende para o erro. Então Cristo, em primeiro lugar, nos faz nascer de novo e coloca uma natureza espiritual onde antes só havia uma carnal. Ambas vão lutar sempre, mas você vai ser justificado por Cristo. Então se você está triste pelos seus pecados, isso é um bom sinal. Significa que você se importa e está dando espaço para o Espírito de Deus trabalhar. Muitos nem sequer percebem mais, isso sim é preocupante. Deixa Deus completar o que Ele está fazendo em você.

Coroa

Não há um justo, nem um sequer. O máximo da nossa justiça ainda pode ser comparado a um trapo imundo. Nossas entranhas estão corrompidas porque isso vem de nossa origem. Alguns expostos, outros em oculto. Alguns por fora, outros por dentro. Uns mais, outros menos. Nenhum de nós pode salvar a si mesmo. Não há quem seja suficiente e se baste. Ao mesmo tempo, somos a coroa da criação, aqueles que foram criados por último, colocados para cuidar desse mundo, para crescer, para multiplicar, manifestando uma rica diversidade de dons, arte e beleza.

Nunca deixou de manter contato, seja como for. Não desistiu de passear pela terra buscando os seus, através dos quais fizesse ecoar sua voz e sua mensagem. Em uma de nós escolheu nascer. Por todos nós decidiu morrer. Fomos feitos pouco abaixo dos anjos, somos conhecidos nas regiões celestiais e há livros onde constam nomes e histórias, todos os feitos de cada um de nós. Aqueles que antes tinham a natureza de réus, após resgatados terão a honra de julgar as nações.

Usando uma figura antropomórfica e liberdade poética, diria que somos ao mesmo tempo uma grande decepção e uma significativa motivação para Ele. Encarnamos um forte sentimento, que se manifesta de tal maneira. Só isso poderia explicar o que Ele tem feito ao longo dos milênios e ainda fará e, se isso não for amor, eu não sei mais do que chamar.

Meu lado da cama

Durante um período da minha vida eu me ressentia todas as manhãs por ter de me levantar da cama. Eu simplesmente adorava o toque do lençol na pele. Era como um abraço. Também me agradava o suave apoio do colchão, relaxando meus músculos. O fechar das cortinas favorecia meu sono e ali, naquela caixa de tijolos, laje e lençóis, de alguma forma eu me sentia protegida. Nada havia sido dito ou ouvido, nenhum atrito de relacionamentos, nenhum problema ou mal entendido. No máximo lembranças do dia de ontem, agora mais distantes depois da noite que passou. Mas o hoje ainda não havia começado, e isso era um misto de expectativas e perigos de tudo quanto poderia acontecer, e eu definitivamente preferia ficar naquele lugar, segura. Apenas eu e meu lado da cama, e eu era capaz de esquecer o mundo, eu era capaz até mesmo de vencê-lo.

Sim, meu lado da cama porque, sendo casada, eu me habituei a não usar a cama toda. Eu tenho o meu lado, algo semelhante à carteira da escola: a gente tem a nossa. Ela é nossa e não queremos ceder nem ao amigo mais querido, não queremos trocar e sequer experimentamos a carteira do coleguinha, mesmo que ele falte à aula uma semana inteira. Assim também, mesmo com o cônjuge em viagem, nós nos deitamos do nosso lado, e o outro fica lá, cheio de um vazio, repleto da presença reverenciada do companheiro em nosso subconsciente.

Eu me dizia, ainda com os olhos fechados, de lá do meu lado da cama: "levante-se, enfrente o dia e eu lhe prometo que em algumas horas você estará de volta e tudo ficará bem de novo". E nesse ânimo, com essa muleta emocional, eu me sustentava durante todo o dia. A cada problema eu me dizia quantas horas faltavam para voltar ao meu lado da cama, de onde, pensava, eu nunca deveria ter saído.

Mas a vida é mais que um correr de horas, é mais que uma sequência de ciclos no relógio. É maior e mais complexa que um dia após o outro, mês após mês, anos a fio. Já diz a famosa frase: "dê-me (uma alavanca e) um ponto de apoio e moverei o mundo". Bem, esse apoio não deveria vir da cama, dinheiro ou qualquer outra coisa que não nos ofecere garantias. Mesmo as pessoas amadas um dia podem não estar lá para que você possa contar as horas e ter para quem voltar.

O único refúgio forte e seguro é Deus. De eternidade a eternidade Ele o é. Passando os céus e a terra a Sua Palavra estará em vigor. Você envelhecerá, os filhos sairão de casa, você desistirá de alguns sonhos e alcançará outros. Talvez você enriqueça. Talvez perca tudo. Talvez recupere em dobro. Ou quem sabe nunca recupere. Sorrindo ou chorando, engordando ou emagrecendo, aqui ou em outra parte do mundo, casado ou solteiro, com ou sem filhos, feio ou bonito, amado ou desprezado, Deus sempre estará lá. Pronto, firme, disponível. Ele é o lugar para estar e, se sair, voltar. É um lado da cama que vai com você para o primeiro dia de trabalho ou te ajuda a superar uma perda terrível. Segue dentro do seu espírito quando vêm as dificuldades e as horas e dias parecem se arrastar lentamente. Dá direito a lençóis de seda finíssima e cortinas de linho e renda. Trata-se da garantia de um colchão perfeito e travesseiros sob medida, em apartamento super luxo com ajuste de temperatura e isolamento acústico, livre dos incômodos exteriores.

Deus é o lugar de reabastecimento, descanso e alegria. É agradável como o seu lazer, é o trabalho que te realiza e a sabedoria que te amadurece como indivíduo. E se tudo cair, se nada mais resistir aos terremotos e ondas gigantes, se tudo que você tem hoje não estiver mais aí amanhã, sua Rocha ainda estará lá, imbatível e infalível como alicerce. Não se pode pôr no homem a confiança, nem naquilo que as traças e a ferrugem consomem, uma vez que toda riqueza, cultura e prazeres humanos são frágeis e passageiros. Quer o Senhor dê, quer Ele tome, seja bendito o Seu santo nome.

A cada amanhecer meu corpo se levanta, mas minha alma continua descansando em Deus. E desse refúgio, dessa paz inexplicável, sai a força da minha vida. Posso estar segura e somente nele depositar minha esperança, meu sentido de vida e minha alavanca. Ele é meu ponto de apoio para mover o mundo. O meu mundo ou todo o resto.

Inocentes?

No pior momento de sua vida, em meio a um ato cruel, injusto e covarde, Cristo orou:

- Pai, perdoa-lhes; eles não sabem o que fazem.

Me pergunto o que eles não sabiam. Não sabiam que Ele era o Messias, que era inocente, que além da dor física havia a dor espiritual de ter sobre si todos os pecados, de todos os tempos, de todas as pessoas do mundo. Não sabiam que estavam matando o próprio Deus. Mas sabiam, pelo menos, que aquele homem havia curado a muitos e falado palavras de amor e sabedoria. Sabiam que um bom homem estava sendo torturado e humilhado publicamente. Então por vezes sinto que, aos meus olhos carnais, eles sabiam o suficiente. Tinham consciência mínima do que estava acontecendo ali, ainda que o evento fosse muito maior do que seriam capazes de supor.

Por isso quando Cristo usa o argumento da ignorância deles para embasar sua oração intercessória, não me é fácil entender. Quando alguém nos faz mal, tendemos a sentir raiva, não empatia ou compaixão. E quantos de nós oraríamos pelo criminoso enquanto ele comete o crime, sobretudo se nós fôssemos as vítimas? No final das contas, deduzo que o perdão suplicado naquele instante foi fruto muito mais do amor do que de um bom argumento. Aquilo foi graça, não justiça.

Eles não sabiam, Jesus? Desse teu ponto de vista, talvez quem me feriu também não soubesse. Me ajuda a orar daquele jeito que o Senhor orou.

Imperfeição

Toquei o revestimento do banheiro e lembrei que há alguns anos havia um buraco lá. Em ambos os banheiros ficaram extensos danos após uma obra e precisei conviver com aquilo por mais tempo do que gostaria. Consertamos e ficou tudo bem. Perfeito, não; mas bem. Em seguida houve bolhas descascando a pintura do teto, por toda a casa, devido a problemas no telhado, e muitas manchas nas paredes. Há alguns meses foi resolvido. Perfeito? Não. Mas feito.

Hoje temos infiltrações em três paredes, e consequentemente humidade e bolor. Não conseguimos mudar essa parte ainda. Está prevista, terá sua hora certa, mas ainda estamos nessa realidade. E houve outras obras e muitas histórias. Tudo demorado, difícil e cheio de desafios; uma coisa de cada vez.

Com nossa alma e nossa vida, penso, a coisa funciona desse mesmo jeito. Não sei de ninguém que tenha tudo que quer, muito menos ao mesmo tempo. E duvido que um de nós consiga curar tudo de uma só vez. Na casa, pode até ser. Na própria história, entretanto, vai ser preciso domar a impetuosa ansiedade, conviver com eventuais ou contínuas tristezas e superar incontáveis medos, tudo isso se arrastando por décadas, até que nossa habitação interior esteja reformada, evoluída, quase irreconhecível.

Prontos e acabados? Não, mas a caminho.

Naturalmente

Não é preciso força para ser quem você é. Se está precisando de esforço, não é você. Sua natureza flui naturalmente, seu chamado lhe é prazeroso, seu dom não precisa de script. Você é até sem querer. Você faz sem perceber. Permanece aí, esperando você reconhecer. Fica sufocando enquanto você ignora. As peculiaridades que fazem de você, você - numa criatividade tão original - não se repetirão em outro ser humano. Há valor em ser você.

Não sei quantas vezes ouvi a frase "ninguém é insubstituível", geralmente dita em tom arrogante no sentido de lançar em rosto que sua falta não fará falta. Lembro-me agora de algumas vozes que cantam maravilhosamente, e me dou conta de que ter uma não me faz renunciar à outra. Algumas dessas vozes se calaram e eu sinto necessidade de pedir que não nos privem de seu dom. Quase tenho a sensação de que o dom não lhes pertence; é nosso através deles, foi-lhes dado para nos abençoar. Entretanto procuro atentar para o respeito ao tempo e aos motivos de cada coração.

Mas poeta, faça poesia. E você, pintor, por favor pinte. Ator, interprete. Instrumentista, toque. Escritor, não nos deixe sem suas palavras. Líder, lidere. Mestre, ensine. Cozinheiro, cozinhe. Não faz sentido que isso lhe tenha sido entregue para um uso egoísta. Sai desse quarto. De certa forma, seu talento pertence à humanidade.

Ele

A vida corre normalmente, até que falta água. E então nos damos conta do quanto ela é relevante e absolutamente indispensável. Uma cidade está tranqüila, até que um nível maior de chuvas inunda ruas e avenidas e os danos são enormes. Uma região vai muito bem, obrigada, até que um furacão assola impetuosamente e tudo o que resta são destroços e alguns sobreviventes.

Eventos como estes nos lembram do quão frágeis somos e dependentes de Deus e de que tudo está em Suas mãos. Basta uma permissão d'Ele e nosso mundo mudará desastrosamente. Se esquecermos de Sua misericórdia, bastam dias com a alimentação limitada para lembrarmos que sem Seu sustento a fome nos afrontará. Se o carro fica preso num engarrafamento em pleno meio dia o calor insuportável nos fará ter uma prévia do que será o aquecimento global. Basta um quase atropelamento. Basta um infarto leve. Basta um susto com um diagnóstico errado e toda a nossa autossuficiência cai por terra.

Recentemente um médico contou-me de um episódio que poderia tê-lo levado à morte. Ele teve um problema de saúde quando viajava sozinho a outra cidade. Com dois dos melhores planos de saúde do país, com carteira de médico, com elevado padrão financeiro, ele foi deixado no corredor de um hospital particular, como geralmente vemos em hospitais públicos, e lhe foi pedido que assinasse um cheque caução. Tudo que lhe ministraram foi um simples soro. Ele estava só, passando mal e sendo explorado escandalosamente. Poderia ter morrido. Por que não morreu? O que ou quem foi por ele? Nada do que ele tinha ou era lhe valeu naquele momento, e ele percebeu que toda a sua segurança e estrutura como nada seriam não fosse a misericórdia divina.

Se Ele não controlar a natureza morreremos com a sua revolta. Se Ele não sustentar nosso pequeno mundo ruiremos também. É Ele quem permite que o sol renasça, e com ele a nossa esperança de cada dia. Ele envia o sono dos justos, guardando noite após noite nossa casa do homem mal. Ele mantém nossa saúde e cura nossas dores. É Ele quem nos reergue depois do pranto, quem nos dá uma Palavra e nos enche de nova fé.

Ele está presente a cada bem desfrutado e a cada livramento recebido, inclusive e principalmente os não percebidos. Ele coloca anjos ao nosso lado e nem sequer tomamos conhecimento. Pelo Seu sim nossa vida se preserva e ao Seu não nada nem ninguém resistirá. Cada fio de cabelo que cai, Ele sabe, Ele vê, Ele permitiu. Nada fugiu aos seus olhos. Ele não está longe. Ele não está surdo. É a Ele que devem ser entregues nossos planos, sonhos e desejos. Sob a Sua soberania devemos nos curvar e submeter nossas necessidades e ideais. Que Ele cuide do nosso estudo, do nosso trabalho, saúde e família. Que Ele cuide de nossas vidas espirituais, dos detalhes da nossa caminhada.

Tua soberania, Senhor, esteja sobre as nossas vidas. A fé, Senhor, concede-nos para que confiemos em Ti e no que fazes e farás de nós. O amor, Pai, concede para que aqueça os nossos corações. E que eu - debaixo de Tuas asas, escondida pela glória da Tua presença, coberta pelo Teu sangue e ungida pelo Teu óleo - saiba reconhecer Tua voz e encontre a paz que excede todo o entendimento.

A urgência e o preço

Aonde tem nos levado nossa urgência? A quem demos o direito de nos impor essa desenfreada maratona? Precisamos ir longe, mas precisamos chegar rápido – é o que todos dizem. Cada um desenvolve uma estratégia diferente, mas parece só haver um lugar no pódio, pelo menos somente um interessa. Ser vice é pior que ser nada, pensa a maioria. Será que a maioria é inteligente?

Porque inventaram o relógio? Não foi um tiro no pé? Em nossa loucura, o trabalho é nosso dia, nossa noite e nossos sonhos. Atendemos o celular particular falando o nome da empresa. Deixamos de enxergar a família, o outro e por fim, não vemos a nós mesmos.

Essa cegueira é tudo o que o sistema diz que eu preciso ser, que eu preciso fazer, que eu preciso provar. Tudo o que não sou eu, tudo o que esperam de mim. E segue-se uma prostituição profissional quase que generalizada. Qualquer vaga de qualquer concurso serve. Qualquer local ou linha de atuação serve. Desespero. Uma proposta ilícita serve. E então mais um engrossa as estatísticas que embasam o dito "todo mundo tem

seu preço". Se isso for verdade, qual é o meu? Há alguma placa de vende-
-se em mim? Há em você? Em que momento a penduramos?

E a pressa continua ganhando da perfeição. Você respondeu depressa demais, aceitou rápido demais. Não pensou, não refletiu. Era preciso negar sua fé, sua ética, seu talento, sua vocação, seu chamado. Era preciso negar sua mãe, seu pai, seu filho. Era preciso passar por cima de outros. Você fez. Fez por você. Fez por egoísmo, para se autoafirmar. Era preciso ter mais, aparentar mais. Exibir. Ostentar. Ou talvez, era preciso comprar pão e pagar a companhia energética. Angústia, ansiedade. Você disse. Era falso, mas você sustentou. Um tapinha nos ombros, um sorrisinho que dizia "muito bem, entrou pra o nosso clube". Na primeira noite, a cabeça não repousava no travesseiro. Na segunda, com um pouco de esforço, relaxou. Na terceira noite, na quarta vez, no quinto zero, você já não tinha mais medo, nem culpa; e voltou o sono, e já não se importava mais. Mas você havia morrido e não se dava conta. No espelho um novo homem, irreconhecível. Mas quem se importa?

Um dia uma circunstância dirá que não havia tanta pressa. Em algum lugar perceberemos que não chegamos a lugar algum. Corremos em busca do vento, acumulamos e continuamos vazios. Estamos ocos e, no entanto, há muito peso. Rugas, dor, solidão. Onde estão todos? Luxo e ruína no mesmo quarto de hotel. Muitas luzes e você na escuridão. Elogios e a convicção de ser desprezível. O amor ofertado nunca existiu. Houve tamanha crença em uma porção de mentiras e uma amnésia voluntária em relação à fé dos tempos de menino.

É preciso voltar. Ainda guardam alguns segundos para você. Há alguém esperando, perto ou longe. E Alguém no alto, sempre. Para isso há urgência. Para isso não há preço. Corra.

Mestre

Deus é um grande professor, com uma metodologia, um plano de aula, uma didática, umas dinâmicas, um sistema de avaliação e uma eloquência impressionantes.

Há muito tempo descobri que essa vida é uma escola com muitas disciplinas - a maior parte obrigatória e umas poucas eletivas - e uma carga horária que inicialmente parece absurda, mas que quando graduados descobriremos ter sido personalizada para a ministração dos conteúdos. Tem umas matérias divertidas e gostosas, daquelas que a gente nem sente o tempo passar e outras terríveis nas quais a gente fica em recuperação, perde o ano, paga tudo de novo e por vezes sabe, no fundo, que foi falta de compromisso nosso, de atenção e de dedicação.

Ontem recebi mais algumas aulas, porque se trata de um curso intensivo e Deus usa as pessoas e as circunstâncias para trabalhar em nosso caráter, no homem interior que somos, porque ele efetivamente é o que importa. Meu professor é muito sábio, experiente e competente. Conhece cada aluno muito bem e é extremamente paciente. Enquanto a turma entra em pânico, xinga, reclama, questiona e diz que nunca vai usar aquilo, ele sabe exatamente o que está fazendo. Fico me perguntando por que ele se importa tanto com meu crescimento e desenvolvimento. Fico humilde, fico grata.

Um Deus carente?

As multidões, tantas vezes, seguem o que consideram ser um "deus servidor". Não têm intenção real de servir a Deus, mas certamente buscam exigir que Deus lhes sirva. Não comparecem às reuniões na intenção de oferecer algo a Deus - adoração, louvor, serviço e sobretudo a si mesmos no altar - mas sim em receber algo d'Ele. Quantos dentre a turba que seguia a Jesus efetivamente buscavam intimidade com Ele? Quantos estavam interessados no "Deus carpinteiro" e não apenas no "curandeiro" e "fazedor de milagres", do profeta que "disse tudo quanto tenho feito"?

Esperamos, a vida inteira, que as pessoas nos queiram. Lutamos para que nos amem. Nos esforçamos para nos encaixar em seus padrões, tantas vezes nos anulando, tão somente para que nos aceitem. Precisamos ter uma identidade, pertencer ao grupo. Precisamos do outro nos aprovando, nem que seja através de um olhar. Como nos sentiríamos se alguém nos buscasse pelas razões por que muitas vezes Deus é buscado? Alguém que buscasse nosso conhecimento e poder, nossa influência e habilidades, mas não a nós mesmos, como pessoas, pura e simplesmente porque se identifica conosco? Se queremos ser amados, por que pensamos que Deus se conforma em ser usado? Por que imaginar que Ele estaria satisfeito com isso? Um Deus que nos ensina a não fazer aos outros o que não queremos que os outros nos façam certamente gostaria que usássemos essa regra em nosso relacionamento com Ele.

Muitos se ligam a Deus agindo como uma pessoa interesseira, que escolhe com quem casar pelo saldo da conta bancária. Quanto mais dinheiro, mais atraente e interessante se torna aos seus olhos. Essas pessoas se unem a quem lhes possa dar boa vida, e a vítima será alvo não de amor, mas tão somente de um vínculo através do qual será espremida até sair a última gota de bênçãos. É uma via de mão única. Será criada uma aparência de fidelidade, mas em essência são fiéis somente a si mesmas. Deus não está interessado em consumidores, mas em filhos. Mais do que busca servos, deseja amigos.

Uma pessoa assim poderia trocar de deus a qualquer tempo. Se alguém porventura conseguisse provar que outra divindade é mais vantajosa, ou seja, cujo poder é maior ou mais disponível, não pensaria duas vezes em mudar sua escolha. É assim que muitos vendem a alma ao diabo, por deduzirem, equivocados num momento de desespero ou rebelião, que será mais útil ou fácil unir-se a ele que a Jeová. Outros unem-se a Deus por medo da perdição eterna, uma vez que comprometer-se com Ele significa morar em Sua casa, o céu, já com Satanás implica ter sua morada no inferno.

O Deus que é amor é também um Deus carente de amor. Não, não se trata de uma heresia. Deus busca amor, ainda que não dependa do amor. Ele se basta, mas ele opta por valorizar, querer e buscar o amor e o relacionamento, a amizade e comunhão íntimas com os seres humanos. Chega a afirmar em sua Palavra que dentre a fé, a esperança e o amor, este último é o maior.

Deus, nos mais altos céus, cercado de seres angelicais, parece ter se sentido, de certa forma, só. Ao criar Adão, o fez intencionalmente à sua imagem e semelhança. Não seria mais um anjo. Era preciso que fosse diferente. Seria, inclusive, dotado de livre-arbítrio, uma vez que poderia ser considerada questionável a sinceridade da amizade de um prisioneiro. Um amigo é livre para ir e vir, para partir ou ficar. Livre inclusive para desprezar os conselhos do outro que diz para não se alimentar da árvore que está no meio do jardim.

Deus é um Deus que, do alto de sua insondável sabedoria e completo poder, opta por se submeter a um diálogo improvável com Abraão tentando dissuadi-lo da ideia de destruir duas cidades. Tão aberto à amizade do homem que criou, que argumenta e contra-argumenta com um mortal. Trata-se de um Deus que defende seus amigos dos inimigos destes, que consagra bebês como Jeremias, fala com crianças como Samuel e unge adolescentes esquecidos como Davi. Alguém capaz de fazer amigos de todas as idades.

O Deus que eu vejo na Bíblia buscando Adão para conversar é um Deus que quer ser amado sem segundas intenções. Sobre o que falavam? Suponho que dividiam impressões e experiências, sentimentos e expectativas, e quão interessantes devem ser as histórias e a sabedoria de um Deus eterno - que revela coisas grandes e ocultas que não sabemos - e que quer conversar!

Em Adão, Abraão, Moisés, Jó e Jonas, vi um Deus que apreciava interagir. Fosse em visitas na viração do dia, através de uma sarça, de costas por traz da rocha, em inúmeras perguntas do tipo "onde estavas tu quando eu fiz tudo por aqui" ou em lições de amor evidenciando o contraste entre uma aboboreira e toda uma cidade. Por essa mesma razão tento imaginar sua tristeza em ver tantos que o buscam por interesse. Buscam o que ele tem para dar, mas não o que ele é. Quantos buscariam a Deus se ele oferecesse "só" sua amizade?

Considere um Deus maravilhoso, mas não poderoso. Ou poderoso, mas cujo poder não estivesse disponível para agir em nosso favor. Um Deus cujas orações nunca pudessem ser de pedidos, tampouco de agradecimentos, mas apenas de conversas comuns sobre o dia a dia. Você busca um amigo, na maior parte das vezes, não para pedir ou agradecer, mas somente para dividir. Contar seus problemas e alegrias, as novidades, lutas e vitórias. Buscar conselhos sábios, rir juntos, passear para aliviar o estresse, divertir-se e mesmo chorar no ombro, sem dizer uma palavra.

Não se trata de parar de pedir e, na verdade, nem conseguiríamos. Precisamos interceder por inúmeras causas e não há nenhuma objeção bíblica a isso; ao contrário, há incentivo. Por inúmeras razões isso é necessário e benéfico. Entretanto, essa não deveria ser a razão para buscarmos a Ele. A motivação principal, essencial e eterna deve ser o nosso amor a Ele, nosso encantamento por Seu caráter, nosso prazer em simplesmente estar em Sua presença. Isso poderia ser traduzido por aquele momento em que você não tem nada a pedir, mas ainda assim sente profunda necessidade de buscá-Lo, sente uma tremenda saudade de ouvir Sua voz, porque mesmo em silêncio, Sua companhia é a melhor coisa do mundo.

Prosperidade

A mesma Bíblia que diz "eu vim para que tenham vida, e vida com abundância", também diz "tendo o que comer e com que se vestir, estejais satisfeitos". Então, parece-me lógico desconfiar que essa abundância prometida não está necessariamente vinculada à prosperidade material. A vida abundante está em outras instâncias.

Menos coisas, mais experiências. Menos relógios, melhor uso das horas. Menos bolsas, mais braços livres e ombros leves. Menos maquiagem, mais pele fresca respirando. Menos opções de roupas, mais opções de lugares para ir. Menos selfies, mais memórias. Menos necessidade de provar nosso valor, mais gente que já nos conhece e nos ama perto de nós.

Uma maneira de se enganar, de mentir para si mesmo, é criar uma realidade ilusória para a própria vida. Há pessoas doentes por isso. Bloqueiam verdades interiores, secretas. Fogem dos problemas, que nunca são resolvidos, e depois descarregam em todo mundo sua amargura. Criam uma bolha emocional para sobreviver, correndo das pessoas, dos desafios, dos problemas e dos riscos. Da verdade, enfim. Desculpa é um nome meigo e inocente para mentira. Dizer ao telefone que alguém está em reunião quando está dormindo é faltar com a verdade. Viver de aparências também é uma forma de mentir. Ser santo por fora e não por dentro é uma grande mentira. Vestir roupa de grife comprada em seis vezes no cartão só para parecer próspero é viver uma mentira. Dar um endereço falso para esconder o bairro humilde em que mora é alimentar uma fraude moral.

O caminho é encarar a realidade e trabalhar nela para que seja alterada. Há pessoas que mentem tanto que têm cinco versões para a mesma estória, esquecem qual delas contaram para cada amigo e depois se veem presas no meio da teia que elas mesmas criaram. É preciso entender o que significa prosperidade e abundância, e qual nossa responsabilidade nesse processo, sob pena de culpar a Deus por não atingirmos esse ou aquele lugar no mundo.

A nova Palavra de Deus

Há entre o povo de Deus alguns que andam cansados. Só se cansa do que é velho, repetido, desgastado e esgotado. E assim algumas igrejas andam cansadas de que lhes digam o que – pensam - já sabem. Palavras sobre algumas parábolas de Jesus, a abertura do mar vermelho, o dilúvio, Elias e o altar consumido pelo fogo do céu, o mesmo Elias na caverna, Davi cometendo adultério e até Jesus morrendo na cruz. Tudo lhes parece sem graça, sobretudo para os que "nasceram" na igreja. Para estes, se um pregador chega com essas mensagens, é tido por sem poder, sem revelação, sem pesquisa, sem teologia. Ele não teria "se preparado", talvez não leia muito a Bíblia.

Então, para esse público, surge o grupo dos que, percebendo a demanda de mercado, procuram dizer o não dito, revelar o não revelado, desvendar os segredos de Deus e, acima de tudo, surpreender.

Surpreender para alguns significa, muitas vezes, chocar. Significa chacoalhar. Se alguém diz algo diferente e inusitado, então esse alguém deve ser inteligente e interessante, um pensador. Um pesquisador, leitor assíduo, pessoa de profundas reflexões que descobriu e enxergou o que todos os demais mortais não foram capazes de visualizar. Talvez se trate de alguém com profunda comunhão com Deus.

Talvez. E verdadeiramente, em muitos casos, é mesmo. Mas tenho visto pessoas habilidosas na arte de elaborar o diferente para parecer especial. Gente que se deleita em chamar a atenção, que não se importa em destoar, na verdade busca isso para se sentir um indivíduo, alguém que se destaca na multidão dos sem graça, sem criatividade, sem originalidade, sem ousadia, porque assim veem os que, naturalmente, na beleza da simplicidade, gostam do café com leite mais pão com manteiga.

Ah! Que bom poder sentir o cheiro do cafezinho fumaçando e invadindo a casa, sobre o qual se coloca um pouco do seu leite preferido, servido com um pãozinho recém-saído do forno, com manteiga que derrete involuntariamente. Esse clássico sabor tem sido desprezado e humilhado. Os que gostam de grandes menus desdenham dessa refeição. Não se apreciam mais hinos e arranjos antigos, tampouco palavras familiares sobre textos conhecidos. A Palavra de Deus se renova a cada manhã. Isso vale para quando Deus revela o novo na Palavra "velha", mas também quando

Ele vivifica o "velho" da Palavra. Não se trata, necessariamente, de ter algo novo sobre o filho pródigo, mas de nova unção, de autoridade especial que vem do Pai, tornando essa parábola o texto que, quando o servo de Deus prega, não importando quantas vezes a repita, por alguma razão sempre se convertem muitas vidas. Tal qual o nosso feijão com arroz - combinação básica e perfeita - trata-se do mesmo prato, mas o sabor certamente muda de acordo com o tempero do cozinheiro.

Deus não depende de grandes pregadores revoltados ou vaidosos para converter as almas. Ele faz a obra pelo Espírito, que convence do pecado, da justiça e do juízo. Ele faz a obra revelando Jesus na cruz como a grande novidade, as boas novas do reino de Deus, mesmo para alguém que cresceu ouvindo essa história. Um dia ela se torna viva, e não precisa de gelo seco ou efeitos especiais para isso.

O que nossos púlpitos precisam mais e mais é unção. Com poder e autoridade, com mãos limpas e corações puros, homens, mulheres, jovens e crianças, pregando a mais bela e simples Palavra de Deus, alheios às grandes polêmicas bíblicas e às correntes teológicas, podem, como o então pescador Pedro, arrematar multidões para Cristo promovendo as mais gloriosas festas nos céus.

Não sou contra o estudo e a exploração bíblica. Ao contrário, sou totalmente a favor. Precisamos disso para uma mensagem consistente e livre de erros. Gosto de estudar as curiosidades, atrai-me o não óbvio e a pesquisa. Incomoda-me reconhecer os "versículos nunca lidos", textos que nossos líderes, temorosa ou sabiamente, pulam nos livros bíblicos. Esses textos são omitidos em escolas bíblicas, cultos e sobretudo evangelismos, e têm razões muito fortes para isso. Uma delas é que não sabemos entendê-los ou não há consenso sobre a interpretação e, por isso, não conseguimos explicá-los aos crentes mais experientes, que dirá aos leigos. Outra razão é que alguns desses textos podem levar alguém fraco na fé a se afastar de Cristo, o que não se justifica, mas pode acontecer. O terceiro motivo é que o custo-benefício não é bom, não compensa, ou seja, é muita confusão para pouca edificação ou influência no que verdadeiramente interessa: Jesus presente em nossas vidas.

Concordo que se pararmos no tempo, nunca explorando as possibilidades, não haverá progresso entre nós. Não haverá aperfeiçoamento. Sou completamente a favor e estou certa de que Deus é Deus de revelações, e essa é uma forma - ou "a" forma - de tornar a Palavra nova a cada manhã.

O próprio Jesus deu cara nova a tudo que era antigo, e revelou nuances das Escrituras nunca antes percebidas.

A única coisa que não me agrada é a fraude no processo, ou seja, forçar a ideia da revelação para tornar a fala interessante. Geralmente esse é o subterfúgio de quem se percebe sem unção. Porque a unção de Deus usa todo o seu estudo, ou toda a sua simplicidade. É capaz de reconhecer todo o seu histórico de leitor e erudito, mas não usar nada disso na hora. É hábil em tomar o carpinteiro e surpreender o doutor da lei, porque o primeiro pregava com autoridade, e isso prendia a atenção do público, enquanto a erudição do doutor podia não convencer nem a ele mesmo.

Não se deve manipular o auditório, alterar o tom de voz intencionalmente para provocar reações emotivas, utilizar jargões ou falsos dons para parecer espiritual. Um pregador não é um show man, um artista que precisa fidelizar a plateia para garantir convites e agendar novas apresentações, cuidando disso como seu ganha pão. Um mensageiro da Palavra é portador de tão grande responsabilidade que todo e qualquer ser humano nessa condição deveria estar cheio de temor e tremor diante de Deus. É imperativo que aquele que fala ao povo de Deus ou evangeliza alguém lembre constantemente que Deus o está sondando, provando com que intenção seu coração faz o que faz, diz o que diz, e a sua postura frente a cada oportunidade de ser usado pelo Senhor.

Creio que a verdadeira unção traz, sim, milagres e sinais. Acredito firmemente que os dons são, sim, para os nossos dias. Alegra-me o autêntico sobrenatural de Deus em nosso meio. Sou pentecostal até a última gota de sangue, até o último fio de cabelo. Estou certa, adicionalmente, que o maior milagre é a conversão de um indivíduo, e a maior profecia é a Bíblia Sagrada. Meu cuidado nessas linhas, se me faço entender, repito, é com a pureza do processo. É preciso que tudo seja feito com grande singeleza e completa verdade, com absoluta reverência.

Não há caixas ou modelos fechados. Não é a "velha" Palavra ou a última revelação do dia que configuram o segredo da mensagem que toca os corações. Não é o simples ou o mestre, não se trata de gênero, idade ou do perfil da plateia. Toda e qualquer Palavra de Deus pode alcançar os corações e, na verdade, ela o faz, nunca volta vazia. Quem usar ou como usar, como fazer-se tudo para todos para de alguma forma poder ganhar alguns, tudo isso é dirigido e controlado por Deus.

Surpreenda-me com a revelação da Palavra que Deus te deu, ou com a unção nova sobre a Palavra que conheço desde criança. Seja você Doutor em Divindade ou um leigo novo convertido. Simplesmente deixe Deus te usar. O Espírito sopra onde quer. Deus não se molda, Deus não se prende, Deus não cabe nos meus ou nos seus conceitos. Onde está o Espírito do Senhor, aí há liberdade. E unção, e poder, e autoridade, e renovo, e fruto, e dons e vida. Fala, Senhor, que o teu servo ouve.

Lógica

Eu gosto é do amor
Um amor sem lógica que Ele tem
Como consegue amar os odiáveis?
Eu fico olhando sem entender
Choro e sorrio

Eu gosto é do poder
Do poder que Ele tem pra transformar vidas
Não me canso de ver o maior milagre
Pessoas viradas pelo avesso
Descobrindo que o avesso é seu lado certo
Seu melhor ângulo

Eu gosto é do mistério
E da forma como Ele revela as coisas
Compartilhando com quem recebe uma nova natureza
Eu tenho cuidado com o zelo
E tenho zelo pelo cuidado
Quero averiguar e testar e quero seriedade
Mas também quero experiência!
E a Palavra virá cheia de sabedoria e verdade
Para me livrar dos enganos da mente, da alma, das vãs filosofias, dos falsos profetas, dos ventos de doutrina, do joio e dos transes puramente emocionais.

Mas, e que bom que há esse "mas"!
Há vida em meio à morte

Há unção, poder, amor, trigo!
Há diferença entre experiências exclusivamente emocionais e essen-
cialmente espirituais

Um homem em seu quarto, sozinho
Desafia-O a revelar-Se a ele
E continua desafiando-O
Separando-O dos nós que os homens deram
E aí, em um determinado momento, Ele vem
E quando Ele vier
E ficar claro que sempre esteve lá
Ninguém precisará explicar mais nada

Eu gosto d'Ele, não consigo evitar
Mesmo quando me deixa sem respostas, não consigo esquecer
Porque uma vez que você O conheça, não há como ignorá-Lo
Pessoalmente, amo adorá-Lo.

Idiotas com um lugar no céu

Há um mal espalhado pela sociedade moderna que muitas vezes recebe o nome de inteligência ou esperteza. Um mal que nos leva a fazer ou
deixar de fazer algo por medo de sermos considerados idiotas.

Sobem idosos nos ônibus, mas os jovens sentados nas cadeiras re-
servadas não se levantam. Também não se levantam para as gestantes e
para as pessoas com deficiência. Não são muito diferentes daqueles que
recebem um troco a mais e não o devolvem, ou colam nos exames da faculdade porque sabem que o professor é distraído. Têm semelhança com a
razão de muitos em não atender aos apelos de quem pede uma ajuda, ou
com os que aceitam suborno para liberar um documento, uma vez que é
algo rápido e teoricamente sem riscos de que alguém descubra.

Esses raciocínios parecem-se com os de quem passa a perna no colega de trabalho, tomando a promoção que seria merecidamente destinada
a ele. São atitudes familiares às de quem fura fila, usa o cartão do outro
nos estabelecimentos, superfatura obras, recorre a um pistolão para obter
favores ou conta umas mentirinhas para tirar vantagem. Há histórias de

pessoas, mesmo conhecedoras de Deus, que se corromperam enriquecendo ilicitamente, uma vez que a tentação foi grande e eles ignoraram o escape, porque não queriam escapar das vantagens que pareciam cair do céu. Nesse caso, subir do inferno.

Como é fácil arrumar desculpas mentais para os pequenos crimes, para os "pecadinhos" de cada dia! É tão simples dizer a si mesmo que todo mundo faz, que o mundo e a vida são assim mesmo, que qualquer outro em seu lugar faria o mesmo, que é sorte sua conhecer as pessoas certas. Assim se empurra a verdade para debaixo do tapete do engano.

Conheço histórias de pessoas que mesmo podendo ajudar se negaram, alegando que o outro ficaria "mal-acostumado". Ora, alguns ficam mesmo, mas os gatos escaldados de hoje vivem tendo medo de água fria, e de repente um justo pode pagar por um pecador. Ou seja, alguém a quem você nunca abençoou deixará de ser ajudado porque você, mesmo sem ter sinais claros disso, tem medo de ser enrolado. Quantos bens não têm sido feitos porque as pessoas pensam que dar algum dinheiro, dar o assento, dar amor, fará delas idiotas. Preferem ser egoístas e cruéis, mas jamais idiotas!

Talvez racionalizem, pensando que se fossem eles de pé ninguém lhes daria o lugar; se fosse sua esposa grávida, seus avós ou seus bebês, da mesma forma não se importariam. É como alguém que, indignado com um assassinato, resolve matar o assassino. Mas a questão aqui vai além: para se vingar do erro que alguém lhe fez você penaliza um outro alguém, que nada fez e ninguém garante que um dia lhe causaria dano. Além de tornar-se igual a quem fez o mal, porque quem dirá se o seu desafeto não foi igualmente movido por uma mágoa ou vingança anterior, atingindo você, na época um inocente?

Eu tive duas gestações e "fiz" barrigas enormes. Subia nos coletivos lotados e absolutamente ninguém me cedia o lugar. Afinal, quem era eu para ganhar esse favor? Apenas uma gestante imensa, pesada, temendo pelos solavancos e cotoveladas que levava na viagem, com as pernas doendo e que, por alguma razão, tinha o direito por lei de sentar-se ali. Quem sabe em sua autoindulgência, se justificassem internamente: "se vire; eu, jovem, saudável e não grávida vou continuar sentada aqui e vou olhar para sua cara como se não estivesse entendendo nada."

Exatamente porque sei como é ser ignorada em minhas necessidades e direitos, cedo até mesmo estando certa, para alguém que esteja por alguma razão precisando mais do que eu. Procuro segurar as pastas e sacolas dos que estão de pé. Devolvo o troco recebido a mais. A ideia é fazer tudo como "ao Senhor". Se em alguma situação eu perceber que estou sendo feita de idiota - que não há sinceridade no outro - posso parar, ele já teve ao menos uma chance.

Eu prefiro, se tiver realmente de escolher, ser idiota. Deus certamente prefere um idiota amoroso que um egoísta cruel. Fazer o bem não pressupõe que você é cego. Quem ajuda, cumpre suas obrigações ou obedece às leis, não é um crédulo estúpido. É uma pessoa consciente dos riscos de seus atos, que analisa as circunstâncias e estuda se o outro está sendo honesto ou não. Se os indícios apontam para a correção do outro, o bem deve certamente ser feito. Se há margem para dúvidas, mas há possibilidade de correção, ainda assim o bem deve ser feito. Até mesmo quando o outro "não merece", mas o bem é previsto em lei, dos homens ou de Deus, ele deve ser feito. Eu prefiro entrar no céu tendo sido chamada de idiota na terra, que ficar na terra sendo chamada de idiota no céu.

Pecado

Vivemos um tempo em que não é politicamente correto usar o termo "pecado", muito menos referir-se ao ser humano como pecador. Algumas filosofias defendem que somos perfeitos e que não há espaço para a culpa, considerada por alguns um câncer judaico-cristão que somente trouxe males às almas humanas. Há um discurso de que na vida não há erros, somente experiências e consequências. Acredito que essa postura é assumida por muitos com a melhor das intenções, tais como a valorização de cada criatura de Deus e a retirada de um peso de inúmeros ombros oprimidos.

Gostaria, entretanto, de expor minha opinião. Estamos num planeta cheio de mazelas, em sua absoluta maioria – senão totalidade - geradas pela humanidade. Desumanos que matam com crueldade, no calor da emoção de um crime passional ou com palavras que ferem o lugar mais profundo do coração. Milhares são os que roubam desde carteiras a cofres públicos, passando pelo direito do pobre e a justiça do inocente. Em nossa espécie há invejosos, gananciosos, soberbos, traidores e omissos; há outras tantas misérias que não costumam ser reveladas.

Ontem eu assistia um episódio de uma série que mostrava três grandes grupos sociais: as vítimas, os agressores e os espectadores. Este último grupo, o maior em número, nada mais fazia além de apontar suas câmeras de celular e postar toda a tragédia que presenciava diariamente. Eram indivíduos quase tão cruéis quanto os agressores, que se deliciavam em praticar maldades. As vítimas, por sua vez, ao tempo em que lutavam com todas as forças que dispunham, olhavam ao redor buscando uma quarta personagem, rara de se encontrar: o herói, inexistente no roteiro em questão.

Muitos dentre nós não negam que sabem o que é errar, e errar feio, em um nível constrangedor que expõe uma natureza degenerada. Nesse contexto fica mais fácil perceber que a culpa não é uma maldição, mas uma ferramenta da consciência para levar o homem e a mulher ao arrependimento. Todos queremos que o assassino sinta culpa porque entendemos que ele a tem, ela simplesmente lhe pertence e desejamos que ele lide com o fato, para começar porque isso nos parece lógico, o caminho certo para iniciar um eventual processo de redenção e, quem sabe, algum grau de compensação.

A questão é que há muitos tipos de pecado, que são literalmente erros do alvo, como dobras de um leque quase infinito de opções. Geralmente quem já passou por algum ponto nessa escala e verdadeiramente sentiu a gravidade do que fez saberá acolher com naturalidade o conceito de pecado, assumirá o lugar de pecador, abraçará a culpa, chorará sua vergonha e não somente aceitará, mas buscará diligentemente e ansiará desesperadamente por um herói para sua alma. Sim, porque o herói não é a esperança apenas da vítima; os agressores também precisam de salvação.

Não há orgulho para aquele que enxerga sua miséria, para quem se reconhece como um doente que precisa de médico, um cego que carece de guia, um homem que precisa de Deus. Tentar tirar o peso dos ombros somente alegando que ele não se justifica é engano, não socorro.

Assim que, se o Salvador para muitos parece dispensável, ou mesmo nem existir, para outros Ele é cura, paz, perdão e vida. Correm para Ele os simples de espírito e não voltam de mãos vazias. Alguns perguntam, por vezes alternando zombaria e ironia:

- Jesus salva de quê?

- Bem, para começar, que tal de você mesmo?

Nascida em Maceió, Alagoas, no Nordeste do Brasil,
desde cedo percebeu-se involuntariamente observadora e
cresceu com uma constante necessidade de compartilhar
impressões, sentimentos e opiniões a respeito dos
mundos de dentro e de fora.

Foi criada em uma família cristã, sempre envolvida
com igrejas, participando de suas atividades e colecionando
reflexões e experiências. Com formação em Administração de
Empresas e Gestão Econômica e Orçamentária, tem
Especialização em Pedagogia Empresarial e
MBA Executivo em Gestão da Psicologia Organizacional.
É cristã, casada e mãe de dois filhos.

Se desejar deixar um comentário público contando sobre a
sua experiência com a leitura desse livro você pode fazê-lo no
site onde o adquiriu e também no Instagram da autora -
@patriciaarainsta - ou entrar em contato por *e-mail*, através
do endereço contatopatriciaara@outlook.com